Pädagogik gegen Rechts

Präventions- und Interventionsmöglichkeiten

von

Matthias Krebs

Tectum Verlag
Marburg 2004

Krebs, Matthias:
Pädagogik gegen Rechts.
Präventions- und Interventionsmöglichkeiten.
/ von Matthias Krebs
- Marburg : Tectum Verlag, 2004
ISBN 978-3-8288-8715-2

© Tectum Verlag

Tectum Verlag
Marburg 2004

Inhaltsverzeichnis

Einführung 7

Teil 1 Gestalt und Entwicklung des Rechtsextremismus in Deutschland 9
  1.1 Einführung, Definitionen und Klärungen zum Terminus des Rechtsextremismus 9
  1.2 Der politisch etablierte Arm der Rechten – Die Parteien 18
    1.2.1 Die Republikaner (REP) 20
    1.2.2 Die Nationaldemokratische Partei Deutschlands (NPD) und ihreJugendorganisation Junge Nationaldemokraten (JN) 23
    1.2.3 Die Deutsche Volksunion (DVU) 28
  1.3 Die gewaltbereite Szene der Skinheads – Ein Blick hinter die Kulissen einer rechten Jugendsubkultur 31
    1.3.1 Profil und Entwicklung 31
    1.3.2 Rock von rechts und seine Bedeutung für die Szene 36
    1.3.3 Skinhead-Fanzines 41
    1.3.4 Die Internetnutzung rechter Strukturen 43

Teil 2 – Ursachen und Erscheinungsbilder rechtsextremistischer Denk- und Verhaltensmuster bei jungen Menschen in Deutschland 46
  2.1 Der Sonderstatus der Lebensphase Jugend aus entwicklungspsychologischer und soziologischer Perspektive 46
    2.1.1 Die entwicklungspsychologische Perspektive 49
    2.1.2 Die soziologische Perspektive 51
  2.2 Die Bedeutung von Peergroups und subkulturellen Milieus für die Identitätsbildung und Entwicklung abweichenden Verhaltens bei Jugendlichen 54
  2.3 Individualisierung als mögliche Ursache rechtsextremistischer Orientierungen 60
  2.4 Rechtsextremistische Straftäter 68
  2.5 Von der Gewaltakzeptanz zu aggressiven Handlungsweisen 73
    2.5.1 Gewaltsames Handeln als Verhaltensakt 74
    2.5.2 Die Frustrations-Aggressions-Hypothese (inkl. der Sündenbock-Erklärung) 74
    2.5.3 Lernen am Modell 76
    2.5.4 Motivationen der Gewalttäter 79
  2.6 Exkurs: Das Stufenmodell der Moralentwicklung nach Kohlberg 82

Teil 3 – Pädagogische Interventionsmöglichkeiten und aktuelle Projekte **87**

3.1 Pädagogische Präventions- und Interventionsmöglichkeiten 87
    3.1.1 Schulbezogene Möglichkeiten 88
    3.1.2 Möglichkeiten einer gerechtigkeitsorientierten Jugendarbeit 102
3.2 Ausblick 107

Quellen- und Literaturverzeichnis **111**

Einführung

Rechtsextremismus – ein Begriff, der zugleich bedrohlich wie unnahbar wirkt. Das Problem des Rechtsextremismus in Deutschland ist kein neues Problem oder gar eines, das erst seit der Wiedervereinigung in Deutschland präsent wäre. Rechtsextremismus gab es bereits vorher, selbst in der ehemaligen DDR fanden entsprechende Aktivitäten seitens subkulturell geprägter Skinheads statt. Wie aber soll man sich dem gravierenden Problem nähern? Wie geht man am besten mit einer sich vor allem im Osten Deutschlands immer stärker etablierenden Jugendkultur um, die wahllos Menschen angreift und bisweilen sogar tötet, die aus ihrem ideologischen Raster fallen? Wie findet man im pädagogischen Umgang mit rechtsextremistisch orientierten jungen Menschen die richtige Linie zwischen Verständnis, Wertevermittlung und Autorität?

Dafür soll zunächst eine Klärung des weitgefächerten Begriffs des Rechtsextremismus im ersten Teil versucht werden. Dabei wird versucht, eine Linie durch die verschiedenen Ideologien des Überbegriffs Rechtsextremismus zu ziehen, die in die Definition rechtsextremistischer Orientierung nach Wilhelm Heitmeyer mündet. Des weiteren folgen in diesem Teil eine Beschreibung der drei besonders auf Jugendliche einflußreichsten rechten Parteien und der rechtsextremistischen Szene der Skinheads sowie ihrer wichtigsten Medien. Für die Darstellung von Zahlen aus dem rechten Spektrum in Deutschland wurde hauptsächlich auf Erkenntnisse des Bundesamts für Verfassungsschutz zurückgegriffen.

Nach der Beleuchtung diverser rechtsextremistischer Erscheinungsbilder im ersten Teil soll im folgenden Teil versucht werden, mögliche Ursachen für entsprechendes Denken und Handeln bei jungen Menschen zu erkunden. Nach einer Betrachtung der Lebensphase Jugend und ihrer Entwicklungsaufgaben sowie der Bedeutung von Peergroups hinsichtlich der Entwicklung Heranwachsender wird eine Ursachenerklärung mittels der Individualisierungstheorie gewagt, wofür vor allem die Erkenntnisse Heitmeyers herangezogen wurden, die an die entsprechende Theorie Ulrich Becks geknüpft sind. Nach einer Beschreibung verschiedener Tätertypen nach Helmut Willems und diversen Erklärungsansätzen von Gewalt und gewaltorientiertem Handeln setzt sich das als Exkurs behandelte abschließende

Kapitel des zweiten Teils mit dem Stufenmodell der Moralentwicklung nach Lawrence Kohlberg auseinander. Diese Thematik soll eine inhaltliche Brücke zum nachfolgenden dritten Teil schlagen.

Der dritte Teil der Arbeit soll zwei pädagogische Zugangsmöglichkeiten hinsichtlich rechtsextremistischer Erscheinungsbilder vermitteln. Dabei liegt der Schwerpunkt der Ausführungen auf der moralischen Erziehung in der Schule sowie dem Modell der Gerechten Schulgemeinschaft, welche unmittelbar mit Kohlbergs Ideen zusammenhängen. Nach diesen Vorschlägen zur Prävention wird die Intervention am Beispiel der gerechtigkeitsorientierten Jugendarbeit nach Josef Krafeld beschrieben. Beide Zugänge können keine Allheilmittel gegen rechtsextremistische Erscheinungsbilder sein, so aber vielleicht doch als Anregung dienen, diesen wirksam und nicht als pädagogische Speerspitze einer ohnmächtigen und hilflosen Gesellschaft entgegenzutreten.

Teil 1 Gestalt und Entwicklung des Rechtsextremismus in Deutschland

„Rassebewußtsein, Antijudaismus und Fremdenangst sind nur bestimmtere Gestalten des Willens zur Grenze gegen Anderes und zugleich der Selbsterkenntnis, d.h. des Identitätserlebnisses, das für Völker so wichtig ist, wie für Einzelwesen die Luft zum Atmen" (Horst Mahler, ehemaliger RAF-Anwalt und Verteidiger der rechtsradikalen Partei NPD im bevorstehenden Verbotsverfahren vor dem Bundesverfassungsgericht zitiert nach Bundesamt für Verfassungsschutz [Hg.], 2001, S. 57).

„Je exotischer jemand wirkt, desto größer ist sein Problem, sich zu integrieren. Bei Menschen, die aus dem eigenen völkischen Umfeld herausfallen, ist zunächst mal ein Gefühl der Fremdheit. Das ist irritierend" (Christian Worch, führender deutscher Neo-Nazi im Interview mit Spiegel Reporter, 10/2000, S. 52).

„Die Würde des Menschen ist unantastbar" (Artikel 1 Absatz 1 des Grundgesetzes der Bundesrepublik Deutschland zit. nach Landeszentrale für politische Bildung, 1994, S. 10).

1.1 Einführung, Definitionen und Klärungen zum Terminus des Rechtsextremismus

Nicht nur in der Zeit nach der deutschen Wiedervereinigung, sondern bereits in den siebziger, achtziger Jahren und vorher war der Begriff des Rechtsextremismus ein in Politik und Medien präsenter Terminus. Wie ein Gespenst tauchte er immer wieder auf und flackerte teils stärker, teils schwächer von der Medienlandschaft reflektiert durch das Bewusstsein der Öffentlichkeit. Rechtsextremismus ist dabei im Allgemeinen als Überbegriff für „[...] geistige beziehungsweise politische Bewegungen, die demokratischen Grundsätzen autoritäre Vorstellungen entgegensetzen und zum Teil Gewalt und Neofaschismus gutheißen" (Brockhaus Multimedia, 1999) zu verstehen und gilt ebenso „[...] als eine Sammelbezeichnung für unterschiedliche politische Phänomene, die viele Gemeinsamkeiten, aber auch einige Differenzen aufweisen" (Pfahl-Traughber, 2000, S. 11).

Zur im Radikalismus weitergeführten Form des Extremismus ist die Grenze fließend, „[...] in der politischen Alltagssprache werden die Begriffe oft synonym verwendet" (Brockhaus Multimedia, 1999). „Extremismus bezeichnet insbesondere politische Haltungen oder Richtungen an den äußeren Rändern des politischen Spektrums, wobei Rechtsextremismus durch autoritäre, nationalistische oder rassistische Gesinnung gekennzeichnet ist [...]" (ebd.), während Radikalismus als „[...] Bezeichnung für Theorien oder auf sie bezogene politisch-soziale Bewegungen, die bestehende Verhältnisse grundsätzlich verändern wollen" (ebd.), gilt.

Ein weiteres Erscheinungsbild des Rechtsextremismus ist der Neonazismus, der als „[...] im weiteren Sinn allgemeine Bezeichnung für die [...] bestehenden rechtsextremen Bewegungen und Parteien, sofern sie an Programmatik, Symbolik und Aktionsformen des Faschismus und Nationalsozialismus (daher auch Neonazismus) anknüpfen" (ebd.), gilt. Nach Heitmeyer sollte der Begriff des Neonazismus nur soweit in die Diskussion einfließen, „[...] als damit jene Konzepte, Mentalitäten und Gruppen gemeint sind, die an historische Erscheinungen des Nationalsozialismus anknüpfen und sie wiederherstellen wollen" (Heitmeyer, 1995, S. 13).

Ein weiterer im Umfeld des Rechtsextremismus häufig auftretender Begriff ist der des Neofaschismus. Anhänger dieser real existenten politischen Strömung (vgl. VVN-Bund, 2001, S. 3) „[...] wollen alle demokratischen Rechte wie Gleichheit, Freiheit und Selbstbestimmung beseitigen" (ebd., S. 8). Der Terminus des historischen Faschismus „[...] geht zurück auf Benito Mussolini, der 1922 „Führer" [...] Italiens wurde" (Bölting, 1997, S. 178). Durch die Verfassung der Bundesrepublik Deutschland sind neofaschistische Parteien und Bewegungen, deren Programme verfassungsfeindlich sind, verboten (vgl. Landeszentrale für politische Bildung, 1994, S. 13). Diese Parteien und Bewegungen verharmlosen entweder den Nationalsozialismus oder propagieren vor allem extrem autoritäre Gesellschaftsbilder, die ethnisch homogene und hierarchisch gegliederte Volksgemeinschaft, Antisemitismus sowie Hass gegen Ausländer, Asylbewerber und einheimische Minderheiten. Anhand dieser Kriterien wird deutlich, dass auch hier die Grenze zum eigentlichen Rechtsextremismus nicht eindeutig zu markieren ist. Auch bestimmte subkulturelle Jugendgruppen wie bspw. der rechtsradikale Teil der Skinhead-Bewegung pflegen neofaschistische Vorstellungen und Handlungsbereitschaften (vgl. Bundesamt für Verfassungsschutz [Hg.], 2001, S. 42 ff.), auf deren Profile und mögliche Ursachen im Rahmen dieser Arbeit Bezug genommen werden soll.

Alle Formen rechter Ideologie beinhalten letztendlich dieselben Denkmuster, wobei eines der wenigen Unterscheidungskriterien das Ablehnen von Gewalt auf Seiten aktiver Neonazis (vgl. ebd., S. 46) im Gegensatz zu ihren rechtsradikalen Gesinnungsgenossen aus dem subkulturellen Milieu der Skinheads sein könnte (vgl. ebd., S. 34). Pfahl-Traughber differenziert Rechtsextremismus in „[...] den nationalistischen Intellektuellen, den militanten Neonazi oder den populistischen Politiker [...]" (Pfahl-Traughber, 2000, S. 11). Die Gewaltbereitschaft kann jedoch nicht als ausschließliches Abgrenzungskriterium geltend gemacht werden, da diese und daraus resultierende Gewalttätigkeiten auch bei Neonazis und in Einzelfällen bei Mitgliedern rechtsextremistischer Parteien festzustellen sind (vgl. Bundesamt für Verfassungsschutz [Hg.], 2001, S. 21).

Hauptbestandteile der rechtsextremen Gedankenwelt sind nationalistische und rassistische Anschauungen. Rassismus liegt vor, „wenn behauptet wird, dass die Menschheit aus verschiedenen genetisch festgelegten Gruppen (z.B. biologischen Rassen) bestehe, und [...] dass dabei einige Rassen höherwertiger, anderen biologisch eben überlegen seien und schließlich: dass die höherwertigen Rassen die minderwertigeren beherrschen bzw. benachteiligen dürfen oder gar müssen [...]" (Bölting, 1997, S. 29). Herausragend in der Selbstdarstellung und mit der nationalsozialistischen Ideologie direkt vergleichbar ist dabei die „[...] Betonung eines elitären Sendungsbewußtseins auf völkischer Basis (Überbetonung des eigenen Volkstums, der „Rasse", - Ablehnung des Fremden bzw. des als fremdländisch Eingestuften [...]" (Ginzel, Antisemitismus von Rechts. In: Ginzel [Hg.], 1991, S. 269). Des weiteren wird Rassismus durch seine scheinbar genetisch rassisch bedingte Kategorisierung von Verhaltensweisen und deren Wertung zuungunsten von Intelligenz und Moral anderer Völker als des eigenen oder Bevölkerungsminderheiten charakterisiert und besitzt somit nach Bölting „[...] vier Elemente, die [...] nicht unbedingt zusammen auftreten müssen" (Bölting, 1997, S. 29). Ethnische Zugehörigkeiten zu einer

Nation oder Rasse machen folglich für Anhänger entsprechender rechtsorientierter Denkmuster den individuellen Wert eines Menschen aus. Es handelt sich beim zentralen Fokus des Rechtsextremismus also um die „[...] Ablehnung des Grundsatzes einer prinzipiellen Gleichheit, Gleichwertigkeit und Gleichbehandlung aller Menschen [...]" (Ginzel, Antisemitismus von Rechts. In: Ginzel [Hg.], 1991, S. 269), die eine „[...] Negierung des Individualismus, der Freiheitsrechte und Emanzipationsbestrebungen von Minderheiten [...]" (ebd.) nach sich zieht. Die Ablehnung des für alle Individuen geltenden universalen Gleichheitsprinzips gilt als spezifisch für das innere Denkbild des Rechtsextremismus und ist als dessen „[...] besonderes Ideologieelement [...] anzusehen" (Pfahl-Traughber, 2000, S. 14).

Diese Hierarchisierung muss nicht zwingend rassistisch ausgelegt sein und Menschen „[...] in höhere und minderwertige Menschengruppen [...]" (ebd.) unterteilen, sondern bereits „[...] die Zuweisung eines minderen Rechtsstatus oder die Einschränkung von Ansprüchen z.B. aufgrund einer ethnischen Zugehörigkeit sind Ausdrucksformen der Ideologie der Ungleichheit" (ebd.). Der Rechtsextremismus erhebt selbst innerhalb der sogenannten Eigengruppe zwischen politischen Gruppierungen oder sozialen Milieus einen autoritär geprägten Herrschaftsanspruch als führende Ideologie und konstituiert somit die „[...] Bejahung einer autoritären, patriarchalisch bestimmten Gesellschaftsordnung [...]" (Ginzel, Antisemitismus von Rechts. In: Ginzel [Hg.], 1991, S. 269). Diese Einstellung richtet sich in erster Linie gegen alles Nichteinheimische bzw. Fremde und „[...] arbeitet stets mit einem Inventar von Vorurteilen bzw. vorurteilsgeladenen Weltbildern vor allem aus der „Mottenkiste" ethnozentristisch-nationalistischer Weltanschauung" (Ahlheim/Heger, 1999, S. 7).

Das fundamentale Denkbild des Rechtsextremismus besteht nach Heitmeyer darin, „[...] daß die rechtsextremen Orientierungsmuster im Kern als Angriff auf die Gleichheit von Menschen verstanden werden müssen, der mit sozialer, psychischer oder physischer Ausgrenzung bzw. Vernichtung anderer verbunden ist und Gewalt als zentralen Regelungsmechanismus gesellschaftlicher Verhältnisse und Konflikte versteht" (Heitmeyer, 1995, S. 15). Mit der „[...] *Ungleichheit der Menschen* als zentralem, integrierendem Kernstück rechtsextremistischer Ideologie [...]" (Heitmeyer, Identitätsprobleme und rechtsextremistische Orientierungsmuster. In: Baacke/Heitmeyer [Hg.], 1985, S. 182) und der „[...] *Gewalt*perspektive und -akzeptanz als zentralem, integrierendem Kernstück rechtsextremistischen kzeptanz als zentralem, integrierendem Kernstück rechtsextremistischen politischen Handelns [...]" (ebd., S. 183) nennt Heitmeyer zwei Basiskomponenten des rechtsextremen Erscheinungsbilds, die in ihrer verknüpften Form, „[...] wenn also die Gewalt akzeptierende Ideologie der Ungleichheit verbunden wird zumindest mit der Akzeptanz von Gewalt als Handlungsform" (ebd.), rechtsextremistische Orientierungsmuster darstellen. Diese Definition des Rechtsextremismus nach Heitmeyer birgt jedoch trotz ihrer Gültigkeit eine gewisse Problematik, da sie den nichtgewaltbereiten Teil der rechten Szene wie bspw. Teile des entsprechenden Parteienlagers nicht ausreichend berücksichtigt (vgl. Pfahl-Traughber, 2000, S. 102), sondern ihre Sicht „[...] zu sehr auf das Untersuchungsobjekt, die Jugendlichen der unteren sozialen Schichten, und das Untersuchungsergebnis, Rechtsextremismus als soziales Phänomen, konzentriert" (ebd.). Die vorliegende Arbeit soll sich allerdings eng am Untersuchungsobjekt Jugend orientieren und dem damit verbundenen Theoriegerüst Heitmeyers folgen.

Ein weiteres ideologisches Element des Rechtsextremismus ist das Propagieren eines antipluralistischen und identitären Gesellschaftsverständnisses, womit eine Doppelauffassung gemeint ist. Zum einen wird das Nebeneinanderwirken „[...] verschiedener Interessengruppen oder Parteiengruppen [...]" (ebd., S. 15) abgelehnt und als „[...] die Gesellschaft auflösend diffamiert [...]" (ebd.). So wird die Forderung nach einer geschlossenen Einheit von Legislative und Bevölkerung untermauert, die im Allgemeinen mit der Begrifflichkeit „[...] der Gemeinschaft oder gar "Volksgemeinschaft" [...]" (ebd.) bezeichnet wird, in der sich das Individuum der Homogenität unterwirft bzw. zu unterwerfen hat. Zum anderen mündet diese vom rechtsextremen Gedankengut anvisierte Einheit in „[...] einer angestrebten Willenseinheit von Führung und Volk" (ebd., S. 16), da sich die gesellschaftliche Geschlossenheit „[...] nicht nur auf das Verhältnis der Gruppen oder Individuen zueinander, sondern auch gegenüber der Regierung und dem Staat [...]" (ebd.) abspielen soll.

Heitmeyer spricht in diesem Kontext von Elementen „[...] eines gesellschaftlichen „Gegenentwurfs" [...] zu den theoretisch formulierten, aber praktisch nicht eingelösten Verheißungen demokratischer, aufklärerischer Konzepte [...] der Freiheit des Individuums, vor allem der Gleichheit der Menschen" (Heitmeyer, Identitätsprobleme und rechtsextremistische Orientierungsmuster. In: Baacke/Heitmeyer [Hg.], 1985, S. 182). Innerhalb dieses Gesellschaftsentwurfs der Ideologie einer Volksgemeinschaft sollen die staatlichen Führer intuitiv nach dem einheitlichen Willen des Volkes handeln, womit die wesentlichen Kontrollelemente einer demokratischen Grundordnung wie das Recht auf freie Wahlen sowie die Bildung und Arbeit einer politischen Opposition in Frage gestellt bzw. abgelehnt werden (vgl. Bundesamt für Verfassungsschutz [Hg.], 2001, S. 17).

Ginzel beschreibt die gesellschaftspolitische Komponente rechtsextremer Denkmuster diesbezüglich ebenfalls unter dem Stichpunkt „Ablehnung einer pluralistischen, multikulturellen Gesellschaft [...]" (Ginzel, Antisemitismus von Rechts. In: Ginzel [Hg.], 1991, S. 269) und grenzt dies unter Nennung der „[...] Ablehnung oder Geringschätzung der parlamentarischen Demokratie [...]" (ebd.) noch enger auf die Demokratiefeindlichkeit des rechtsextremen Weltbilds ein. Die offen artikulierte Feindlichkeit gegenüber fremden Kulturen und Werten sowie der unverhohlene Nationalismus rechtsextremer Denkmuster zeichnen sich durch „Blinde Bindung an nationale Kulturwerte, Betonung nationaler Interessen und unbesehene Ablehnung anderer Nationen aus" (Ahlheim/Heger, 1999, S. 74). Stöss nennt Rechtsextremismus „[...] grundsätzlich von der Idee her und in seinen Zielen antidemokratisch [...]" (Stöss, 1989, S. 18).

Bezüglich der Bildung einer ethnisch homogenen (nationalen) Volksgemeinschaft, welche „[...] von der Höherwertigkeit der eigenen „Rasse" und der Minderwertigkeit anderer „Rassen" [...]" (Pfahl-Traughber, 2000, S. 51) ausgeht, hat insbesondere „[...] der Antisemitismus eine wichtige Bedeutung [...]" (ebd.) und stellt einen weiteren Bestandteil rechtsextremer Ideologie dar. Antisemitismus steht als Begriff für die „[...] Abneigung und Feindseligkeit gegenüber den Juden [...]" (Brockhaus Multimedia, 1999) und findet hinsichtlich rechtsextremistischer Ideologie sowohl in öffentlichen Äußerungen, als und vor allem auch in der hauptsächlich verdeckten Propaganda und Literatur der rechten Szene statt.

Grundlagen dieses sogenannten „[...] neuen Antisemitismus [...]" (Wetzel, Antisemitismus als Element rechtsextremer Ideologie und Propaganda. In: Benz [Hg.], 1995, S. 101) sind nicht mehr „[...] nur die bekannten Formen des jahrhundertealten Vorurteils, sondern in den Mittelpunkt rückt mehr und mehr [...] die Abwehr der Erinnerung an Auschwitz [...]" (ebd.). Juden und der Staat Israel werden diffamiert und verunglimpft, wobei „[...] über die Grenzen der verschiedenen rechtsextremen ideologischen Ausprägungen hinweg [...]" (ebd., S. 102) relativierende Vergleiche wie bspw. alliierte Luftangriffe auf deutsche Großstädte im Zweiten Weltkrieg (vgl. Bölting, 1997, S. 174 ff.), aber auch die israelische Politik gegenüber den Palästinensern herangezogen werden, um in Kombination mit der negativen Verbindung der Themenfelder „Juden" und „Israel" den Holocaust zu verharmlosen (vgl. Wetzel, Antisemitismus als Element rechtsextremer Ideologie und Propaganda. In: Benz [Hg.], 1995, S. 118). Weitere Stigmatisierungen gegen Juden beinhalten die Unterstellung, „[...] daß Juden sich abkapseln, nicht anpassen und nur um die eigene Gruppe kümmern [...] und sich zu sehr in die Angelegenheiten der Nichtjuden einmischen" (Ahlheim/Heger, 1999, S. 74).

Diese Haltung manifestiert sich in regelmäßigen Anschlägen Rechtsradikaler auf entsprechende Mahnmale oder Gedenkstätten (vgl. Wetzel, Antisemitismus als Element rechtsextremer Ideologie und Propaganda. In: Benz [Hg.], 1995, S. 118), um „[...] die deutsche Geschichte reinzuwaschen und die Erinnerung an die Vergangenheit auszulöschen, also in die Praxis umzusetzen, was rechtsextreme Parteien und Druckerzeugnisse des Spektrums regelmäßig thematisieren" (ebd.). Im Zusammenhang mit der antisemitischen Einstellung sind an dieser Stelle „[...] Glaube an Verschwörungstheorien, Angewiesensein auf Feindbilder (und Sündenböcke) im allgemeinen, Ausländerfeindlichkeit und Antisemitismus im besonderen [...]" (Ginzel, Antisemitismus von Rechts. In: Ginzel [Hg.], 1991, S. 269) zu nennen. Auf das rechtsextremistische Ideologieelement des Antisemitismus, der als „[...] ein Ressentiment, das sich als „sekundärer Antisemitismus" aus den Problemen im Umgang mit der NS-Vergangenheit, insbesondere mit dem Holocaust, ergibt" (Bergmann/Erb, Wie antisemitisch sind die Deutschen? In: Benz [Hg.], 1995, S. 62 ff.), in der deutschen Bevölkerung immer noch vorhanden ist, sich in seiner eindeutigen Akzeptanz allerdings „[...] nur bei einem „harten Kern" zu einem geschlossenen antisemitischen Vorurteilskomplex" (ebd., S. 62) verdichtet, soll im Rahmen dieser Arbeit bezüglich dieses „harten Kerns" in späteren Teilen näher eingegangen werden. Auf eine Beleuchtung desselben im Zusammenhang mit einem erklärten Antiamerikanismus (vgl. Wetzel, Antisemitismus als Element rechtsextremer Ideologie und Propaganda. In: Benz [Hg.], 1995, S. 114) innerhalb rechtsextremer Strukturen soll jedoch aufgrund des begrenzten Umfangs der vorliegenden Arbeit gänzlich verzichtet werden.

Als ergänzende Eigenschaft und Agitationsweise des rechten Weltbilds muss die „[...] Dichotomisierung, Unterteilung komplexer Vorgänge und Strukturen in simple Schwarz-Weiß-, Freund-Feind-Bilder" (Ginzel, Antisemitismus von Rechts. In: Ginzel [Hg.], 1991, S. 269) sowie der verzerrte und unwahre Darstellungsumgang mit der Zeit des Nationalsozialismus genannt werden. Hierbei verwendet der Rechtsextremismus nach Ginzel allgemein eine „[...] Emotionale und irrationale Argumentation anstelle logischer Analyse – auch und vor allem in bezug auf Erklärungsmuster der Geschichte des Dritten Reiches und seiner Folgen" (ebd.). In jüngster Zeit ist dieser Revisionismus, der politisch motiviert in verharmlosender und leugnender Weise historische Ereignisse aus der Zeit des Dritten Reichs umdeutet (vgl. Pfahl-Traughber, 2000, S. 47), zu einem Bindeglied der verschiedensten rechtsextremistischen Strömungen geworden, von den alten Rechten über die Neonazis bis in die Skinhead-Szene.

Bei all diesen den verschiedenen rechtsextremistischen Strömungen zuzuordnenden Denkbildern muss trotz eines überbegrifflich existenten Rechtsextremismus differenziert werden, um eine detaillierte Struktur der rechten Szene und Bewegung erkennbar machen zu können. Pfahl-Traughber bezeichnet die genannten Ideologieelemente als „[...] mehr oder minder stark allen rechtsextremistischen Bestrebungen gemein, allerdings nicht in einheitlicher Form" (ebd., S. 17), und wertet die Überbetonung ethnischer Zugehörigkeit sowie die Ideologie der Ungleichheit und antipluralistische autoritäre Bestrebungen als unterschiedlich auslegbar in ihrer Ausdrucksweise. Birsl benennt nach einer Untersuchung an 279 Auszubildenden im Jahr 1992 Fremdenfeindlichkeit, Nationalismus, indifferentes Verhältnis zum Nationalsozialismus, Ideologie der natürlichen Ungleichheit und autoritäre Orientierung (vgl. Birsl, 1994, S. 174 ff.) als zentrale Kriterien rechtsextremer Orientierungen.

Der überbegrifflich existente Rechtsextremismus könnte so verstanden werden, dass „Rechtsextreme Einstellungen [...] ebenso autoritär wie antidemokratisch [...]" (Funke, Rechtsextremismus – Zeitgeist, Politik und Gewalt. Eine Zwischenbilanz*. In: Faber/Funke/Schoenberner [Hg.], 1995,

S. 16) sind und sich „[...] auf der Basis abwertend nationalistischer, ethnozentrisch rassistischer und vielfach, aber nicht notwendig antisemitischer Ideologien bzw. Ideologiefragmente zum Teil unter Rückgriff auf Nazielemente gegen das demokratisch freiheitliche Grundverständnis, nach dem alle Menschen gleich und gleichwertig sind und daher in Gestalt von in Verfassungen niedergelegten universal geltenden Menschen-, Grund- bzw. Bürgerrechten geschützt und anerkannt werden" (ebd.), richten. Nach dieser Definition fördern „Rechtsextreme Einstellungen und Ideologien [...] Verhältnisse der ungleichen und ungleichwertigen Über- und Unterordnung im gesellschaftlichen und politischen Zusammenleben und daraus resultierende Versuche, durch Gewalt jene Über- und Unterordnungsverhältnisse in den Gesellschaften selbst, wie zwischen Gesellschaften und Nationen, also nach innen und außen herzustellen" (ebd.).

Zusammenfassend lässt sich der weitgefächerte Begriff des Rechtsextremismus im Kontext einer organisationsbezogenen Sichtweise in Kombination mit „[...] Formen rechtsextremer Orientierungen außerhalb und im Vorfeld des organisierten Spektrums [...]" (Heitmeyer u.a., 1992, S. 13) auf einen von Heitmeyer als „[...] *„soziologischen Rechtsextremismus"* [...]" (ebd.) benannten eingrenzen, „[...] der die ökonomischen und sozialen Entstehungsmomente mit umfassen will" (ebd.). Entscheidend für einen solchen Rechtsextremismus ist demnach erstens die Ideologie der Ungleichheit (vgl. ebd.), welche nach Heitmeyer „[...] zwei zentrale Dimensionen [...]" (ebd.) beinhaltet. Die erste Dimension ist „[...] personen- bzw. gruppierungsbezogen und auf *Abwertung* also *Ungleichwertigkeit* ausgerichtet" (ebd.), was sich in „[...] nationalistischer bzw. völkischer Selbstübersteigerung; rassistischer Einordnung; eugenischer Unterscheidung von lebenswertem und unwertem Leben; soziobiologischer Behauptung von natürlichen Hierarchien; sozialdarwinistischer Betonung des Rechts des Stärkeren; totalitärem Normverständnis im Hinblick auf die Abwertung des "Andersseins"" (ebd.) sowie der „[...] Betonung von Homogenität und kultureller Differenz" (ebd.) äußert. Dagegen ist die zweite Dimension „[...] *lebenslagenbezogen* und zielt auf *Ausgrenzungsforderungen* in Form – sozialer, - ökonomischer, - kultureller, - rechtlicher, - politischer Ungleich*behandlung* von Fremden und „Anderen"" (ebd.) ab. Bei der zweiten Hauptkomponente dieser Definition handelt es sich um die Akzeptanz von Gewalt (vgl. ebd., S. 14), hinter der die Annahme steht, „[...] daß Gewalt als „normale" Aktionsform zur Regelung von Konflikten legitim sei" (ebd.).

1.2 Der politisch etablierte Arm der Rechten – Die Parteien

Unter Berücksichtigung der Tatsache, dass 1998 „[...] mehr als 10 Prozent der 18-24jährigen im Osten bei der Bundestagswahl für rechtsextremistische Parteien gestimmt [...]" (Bundesamt für Verfassungsschutz [Hg.], Januar 1999, S. 2) haben, und diese Gruppe somit „[...] den größten Anteil der Wählerschaft [...] ausmachte [...]" (Pfahl-Traughber, 2000, S. 87)[1], werden im Folgenden die Parteien des rechten Spektrums vorgestellt. Dabei sollen insbesondere die Versuche der NPD näher betrachtet werden, über den sogenannten „Kampf um die Strasse" als aktionsorientierte Annäherungsstrategie jugendliche Angehörige der Skinhead-Szene sowie scheinbar sozial verunsicherte Jugendliche hauptsächlich ostdeutscher Herkunft zu rekrutieren und zu binden (vgl. Bundesamt für Verfassungsschutz [Hg.], 2001, S. 65). So soll in den jeweiligen Parteibeschreibungen nicht nur deren inhaltlicher und agitierender Charakter nachgezeichnet, sondern ebenso dargestellt werden, dass es der Neuen Rechten inzwischen vornehmlich darum geht, „[...] in Jugendkulturen Fuß zu fassen [...]" (Bölting, 1997, S. 42), und die entsprechenden Parteien „[...] in den Skinheads ein reichhaltiges Rekrutierungsreservoir vorfinden" (Hebecker, Vom Skinhead im Zeitalter seiner Unkenntlichkeit. In: SPoKK [Hg.], 1997, S. 93). Nach einer Umfrage, die Klaus Farin 1994/95 unter 400 Skinheads erhob, stellte sich das Ergebnis heraus, dass „28% der Skinheads [...] die vorherrschenden Erwartungen erfüllen und ihr Kreuz eindeutig rechts – *DVU, Republikaner, NPD* [...] machen" (Farin, 1996, S. 7).

Bei den für den Rahmen der vorliegenden Arbeit relevanten rechten Parteien handelt es sich um die Republikaner (REP), die Nationaldemokratische Partei Deutschlands (NPD) und die Deutsche Volksunion (DVU), wobei rechte Politik als „[...] der Versuch des organisierten Rechtsextremismus, über die Gründung von Parteien und deren Wahlkandidatur direkt oder indirekt auf politische Entscheidungen Einfluß zu nehmen" (Pfahl-Traughber, 2000, S. 21), anzusehen ist, „Ziel ist die medien- und wählerwirksame Veränderung dessen, was als „Wirklichkeit" *wahrgenommen* wird" (Bölting, 1997, S. 41). Dabei lässt sich weder im historischen Rückblick auf die Geschichte Nachkriegsdeutschlands noch hinsichtlich des Zeitraums der vergangenen zwanzig Jahre „[...] Kontinuität im rechtsext-

---

1 Gemeint ist die Wählerschaft rechtsextremistischer Parteien

remistischen Parteienlager feststellen, und zwar weder hinsichtlich der organisatorischen Ebene noch bezogen auf die Wahlzustimmung" (Pfahl-Traughber, 2000, S. 21).

Seit „[...] Ende der 80er Jahre, vor allem [...] mit dem Umbruch 1989 und der nationalen Einigung [...]" (Funke, Rechtsextremismus – Zeitgeist, Politik und Gewalt. Eine Zwischenbilanz*. In: Faber/Funke/Schoenberner [Hg.], 1995, S. 19) konnten die Parteien der extremen Rechten „[...] mit ihrem Ziel eines aggressiven völkischen Nationalismus nach innen und außen, durch Asylfeindlichkeit und expansive Großmachtphantasien an Einfluß [...] gewinnen [...]" (ebd.). Die Themen der politischen Rechten sind sich inhaltlich ähnlich, es werden „[...] aktuelle, politisch unbewältigte Probleme [...]" (Bölting, 1997, S. 42) aufgegriffen und versucht, „[...] diese in ihrem Sinne zu „besetzen" und ihre Interpretation möglichst breit in Medien bzw. in ihrer Zielgruppe zu verankern" (ebd.). Zu diesen Themen gehören z.B. „[...] die zunehmenden ökologischen Gefahren; [...] die Zunahme von Fremdenangst; das Unbehagen bei der europäischen Integration; die um sich greifende gesellschaftliche Entsolidarisierung; die Sorge um die gestiegene Kriminalität" (ebd.), was den Anschein erweckt, dass rechte Parteien jene Emotionen der Bevölkerung ansprechen möchten, welche bei kurzfristiger Überlegung durch einen „starken Mann" befriedigt werden könnten, der „Recht und Ordnung schafft" (vgl. Verfassungsschutz Nordrhein-Westfalen (Hg.), Superwahljahr 1994/95: Extremistische Gruppierungen und Parteien in NRW, Düsseldorf 1995, S. 28). In den Programmentwürfen rechter Parteien und deren „[...] Parteiprogrammen, Zeitungen, Reden wird das Verlangen nach der heilen Welt verkündet" (Benz, 1994, S. 17), die Strategien zur Lösung der Probleme allerdings sind ebenso einfach gestrickt wie die Programme selbst und „[...] werden angeboten durch Projektionen aller Schwierigkeiten auf Feinde wie Ausländer, Asylbewerber, Linke, Juden oder andere Gruppen, die relativ beliebig austauschbar sind, schließlich durch die Reduzierung von komplexen Sachverhalten auf überschaubare Muster" (ebd.).

In allen rechtsextremistischen Parteien waren im Jahr 2000 ungefähr 36.500 Personen organisiert, wobei in 2000 ein Mitgliederrückgang von ca. 1,4 % zu verzeichnen war (vgl. Bundesamt für Verfassungsschutz [Hg.], 2001, S. 21). Daraus lässt sich schließen, dass sich der größte Teil einer im Vergleich zur Gesamtbevölkerung begrenzten Zahl von Personen auf drei rechte Parteien verteilt. Weiter lässt sich folgern, dass deren Wirken so wohl niemals maßgeblich für deutsche Politik werden kann, zumal man davon ausgehen muss, dass der politisch handelnde Rechtsextremismus „Neben der organisatorischen Zersplitterung [...] auch noch durch seine strukturelle Unterentwicklung gekennzeichnet [...]" (Pfahl-Traughber, 2000, S. 39) ist, „[...] was im Fehlen von funktionierenden Parteiuntergliederungen deutlich wird" (ebd.).

Im Folgenden sollen die genannten drei wichtigsten Parteien des rechten Spektrums näher beleuchtet werden, wobei aufgrund der thematischen Brisanz und Aktualität in erster Linie auf neueste Erkenntnisse des Bundesamts für Verfassungsschutz zurückgegriffen wird.

1.2.1 Die Republikaner (REP)

Nachdem die Republikaner 1983 „[...] als eine Art „Rechtsabspaltung" der CSU, gehörten doch zu ihren Gründern mit Franz Handlos und Eckhard Voigt zwei frühere Bundestagsabgeordnete, die die CSU aus Protest gegen das Gebaren des damaligen [...] Vorsitzenden Franz Josef Strauß [...] verlassen hatten" (Pfahl-Traughber, 2000, S. 31), die politische Bühne betreten hatten, kam es nach dem Parteieintritt des Fernsehjournalisten Franz Schönhuber, „[...] der nach Protesten gegen ein Buch mit apologetischen Äußerungen über die Waffen-SS 1981 vom Bayerischen Rundfunk entlassen worden war" (ebd.) zu innerparteilichen Auseinandersetzungen, da Schönhuber eine „[...] modernisierte rechtsextremistische Partei mit populistischem Charakter [...]" (ebd.) formen und etablieren wollte. In einem internen Machtkampf konnte sich Schönhuber gegen seine beiden Konkurrenten durchsetzen und „[...] bestimmte [...] seit 1985 mit „diktatorischer Durchsetzungskraft" [...] und deutlichem Rechtsruck das Geschehen" (Bölting, 1997, S. 187). Der politische Weg der Partei ist von Wahlerfolgen wie in Berlin 1989, als die Republikaner 7,5 % der Stimmen erhielten, der Europawahl mit 7,1 % im gleichen Jahr oder den Erfolgshöhepunkten der Landtagswahlen in Baden-Württemberg, als 1992 10,9 % und 1996 9,1 % der Stimmen auf die Republikaner entfielen, und immer wieder sehr geringen Wahlerfolgen zwischen zwei und vier Prozent gesäumt (vgl. Pfahl-Traughber, 2000, S. 33).

Nach Ermittlungen des Bundesamts für Verfassungsschutz besaß die rechtsextreme Partei Die Republikaner im Jahr 2000 ein Mitgliederpotential von geschätzten 13.000 Personen und verlor damit nach 1998 (15.000) und 1999 (14.000) (vgl. Bundesamt für Verfassungsschutz [Hg.], 2001, S. 80) erneut nicht nur Landtagswahlen, sondern auch Mitglieder (vgl. ebd., S. 20). Im Allgemeinen gilt, dass Mitglieder der Republikaner in ideologisch unmittelbarer Nähe zum Rechtsextremismus angesiedelt sind, und wenn auch nicht jedes einzelne Mitglied als rechtsextrem bezeichnet werden kann (vgl. ebd., S 21), so machen „[...] doch [...] einflussreiche Gruppen und Funktionäre der REP keinen Hehl aus ihrer Gegnerschaft zur freiheitlichen demokratischen Grundordnung" (ebd., S. 80).

Aus diesem Grund sowie wegen des insgesamt rechtsextremen Profils der Republikaner wird die Partei vom Verfassungsschutz beobachtet (vgl. ebd., ff.) und „[...] weist weiterhin tatsächliche Anhaltspunkte für rechtsextremistische Bestrebungen auf" (ebd., S. 80). Die Republikaner attackieren dabei den Kernbestand der Verfassung und demonstrieren dies regelmäßig, „[...] wenn sich die Partei in fremdenfeindlicher Weise äußert, Verbrechen des Nationalsozialismus relativiert oder gegen das Demokratieprinzip agitiert" (ebd.). Bezüglich der Ablehnung des Gleichheitsgrundsatzes des Grundgesetzes lässt sich nach Erkenntnissen des Verfassungsschutzes zusammenfassen, dass die Republikaner „[...] in fremdenfeindlicher Zielrichtung gegen Toleranz und Minderheitenschutz agitieren" (ebd., S. 81) und dabei unter Begriffswahl wie „Landnahme", „Plünderung der Sozialkassen" oder „zweite Vertreibung" Ängste in der Bevölkerung schüren (vgl. ebd.).

Auch hinsichtlich anderer Bestandteile rechtsextremer Ideologie wie Fremdenfeindlichkeit und des antipluralistischen Gesellschaftsverständnisses argumentieren die Republikaner offen mit deren ideologischen Fragmenten und billigen „In ihrer rassistisch unterlegten Agitation [...] insbesondere farbigen Mitbürgern nicht die gleichen Rechte zu" (ebd., S. 82). Des weiteren „[...] offenbaren die REP ein rasseorientiertes und nicht politisch begründetes Verständnis des deutschen Staatsvolks" (ebd.), wobei sich dies stets parallel zu einer Abwertung und Diskriminierung fremder Völker und Kulturen, insbesondere aller nicht aus dem mitteleuropäischen Raum stammenden Menschen abspielt (vgl. ebd.).

Im Jahr 2000 kooperierte die Partei wiederholt mit anderen etablierten rechtsextremistischen Organisationen wie bspw. der NPD, aber auch Jugendorganisationen wie bspw. der „Republikanischen Jugend" (RJ) oder der niederländischen Jugendorganisation des rechtsextremistischen „Vlaams Blok" (VB) stand man in kooperativer Verbundenheit gegenüber und startete gemeinsame Projekte, die folglich auf Jugendbasis stattfanden (vgl. ebd., S. 86 ff.). Ebenfalls finden vereinzelte Sympathiebekundungen seitens der Republikaner zugunsten der rechtsextremistischen Skinheadszene statt, die durchaus als Annäherungsversuche an diese Jugendszene gewertet werden könnten. So bezeichnete bspw. „[...] der ehemalige Bundesvorsitzende der Partei [...] Franz SCHÖNHUBER bereits im März 1991 auf einer Delegiertenversammlung, ihm seien „national orientierte einfache Arbeiter in Springerstiefeln lieber als korrupte deutsche Spitzenpolitiker in Lackschuhen"" (Bundesamt für Verfassungsschutz [Hg.], August 1998, S. 24).

Des weiteren wurde seitens der Republikaner mittels öffentlicher Veranstaltungen aus Anlass des Todes eines jungen Rechtsextremisten in Ostdeutschland versucht, Mitglieder dortiger rechtsextremistischer Jugendgruppen anzusprechen (vgl. ebd., S. 25). Die als Demonstration angemeldeten Veranstaltungen „[...] waren von der Thematik eindeutig auf die Zielgruppe der militanten rechtsextremistischen Szene zugeschnitten und zogen dementsprechend überwiegend Teilnehmer aus dieser Jugendszene an" (ebd.).

Daraus lässt sich auf eine gewisse Gefahr schließen, die von der Partei Die Republikaner ausgehen könnte, um junge Menschen zu rekrutieren und ideologisch langfristig an sich bzw. das rechte Netzwerk zu binden. Außerdem verfügen die Republikaner mit der „Republikanischen Jugend" (RJ) über eine eigene Jugendorganisation (vgl. Bundesamt für Verfassungsschutz [Hg.], August 1999, S. 24).

1.2.2 Die Nationaldemokratische Partei Deutschlands (NPD) und ihre Jugendorganisation Junge Nationaldemokraten (JN)

Die NPD und ihre Jugendorganisation JN werden ebenfalls vom Verfassungsschutz beobachtet.

Der historische Verlauf der Entwicklung der NPD kann in zwei Etappen nachgezeichnet werden. Die Partei wurde am 28. November 1964 als „[...] Folge der bündnispolitischen und organisatorischen Entwicklung im rechtsextremistischen Parteienlager [...]" (Pfahl-Traughber, 2000, S. 25) gegründet. In ihr sammelten sich ehemalige Angehörige anderer rechtsextremistischer Parteien, „[...] wobei allerdings die Führungskräfte der DRP dominierten" (ebd.)[2]. Ziel der neu gegründeten Partei war es, „[...] ein Auffangbecken für unterschiedliche rechtsextreme und nationalistische Kreise zu schaffen, denen wieder politisches Gewicht verliehen werden sollte" (Bölting, 1997, S. 183).

Von Anfang an machte „Die Partei [...] Stimmung gegen „ausländische Einflüsse", leugnete die NS-Verbrechen und bestritt die Schuld Deutschlands am Zweiten Weltkrieg, [...]" (ebd.), versuchte aber in ihrem öffentlichen Auftreten „[...] vom Ruf einer ideologischen Nachfolgeorganisation der NSDAP weg zu kommen" (Pfahl-Traughber, 2000, S. 25). Die Partei bekannte sich „[...] formal zu „Demokratie" und „Rechtsstaatlichkeit", allerdings in einer anderen Form, als diese Prinzipien dem demokratischen Verfassungsstaat eigen sind" (ebd.), da bspw. die Forderung nach einer Stärkung des Nationalbewusstseins, Priorität für Deutsche bei der Arbeitsplatzvergabe oder die Einstellung der Prozesse gegen NS-Verbrecher propagiert wurden (vgl. ebd.).

---

2 Die DRP (Deutsche Reichspartei) entstand 1950 als Ergebnis einer Parteienfusion der niedersächsischen DKP-DRP und der hessischen NPD und besaß einen nationalsozialistischen Flügel; nach 1961 verlor sie rasant an Bedeutung, da Adenauers Politik des Bürgerblocks scheinbar integrierend auf die entsprechende Wählerschaft gewirkt hatte (vgl. Pfahl-Traughber, 2000, S. 24)

Von 1960 bis 1969 konnte die NPD einige größere Wahlerfolge bei Landes- und Stadtparlamentswahlen[3] verbuchen und erreichte bei der Bundestagswahl 1969 1,4 Millionen Wählerstimmen (vgl. Bölting, 1997, S. 183). Nach diesem Erfolg wurde „[...] sowohl der organisatorische als auch der elektorale Niedergang der Partei eingeleitet [...]" (Pfahl-Traughber, 2000, S. 27), da in der Folgezeit die vom durch die Wahlerfolge euphorisierten DRP-Flügel initiierten innerparteilichen Machtkämpfe, aber auch das negative Bild in der öffentlichen Meinung Mitglieder und Wähler der NPD verunsicherten, wodurch die Partei nach 1971 stark an Bedeutung verlor (vgl. ebd.).

Der Beginn der von Pfahl-Traughber als „zweiter Frühling" (vgl. ebd., S. 34) der NPD bezeichneten historischen Etappe kann nach der Durststrecke der siebziger und achtziger Jahre im Jahr 1989 fixiert werden, als die NPD „[...] in einer für rechtsextremistische Wahlparteien günstigen Situation in Frankfurt/M. [...] 6,6 Prozent der Stimmen erlangen" (ebd.) konnte. Zu diesem Zeitpunkt der NPD versuchte „[...] deren neuer Vorsitzender Deckert, die Partei auf den ideologischen Stand der siebziger Jahre zurückzubringen, was sich in der einseitigen Konzentration auf die Themen Ausländerpolitik und Revisionismus zeigte" (ebd., S. 35).

Die daraus resultierende politische Agitation des Parteivorsitzenden, die bis zur öffentlichen Holocaust-Leugnung reichte, führte zu einer Gefängnisstrafe und seiner gleichzeitigen Amtsenthebung durch das Bundespräsidium der NPD, woraufhin Udo Voigt Deckert 1996 im Amt folgte (vgl. ebd.). Von da an begann eine „[...] inhaltliche Neuorientierung, die insbesondere sozialpolitische Themen in rechtsextremistischer Deutung aufgriff und verstärkter sowohl nationalrevolutionäre als auch nationalsozialistische Ideologiefragmente propagandistisch nutzte" (ebd., S. 36). Die NPD bediente sich folglich einer politischen Taktik, die seither in Aktionen und im Wahlkampf der NPD vor allem bei jungen Menschen angesetzt wird und dabei „[...] Ängste vor Arbeitslosigkeit und sozialen Krisen schürt und vor allem Jugendliche aus den unteren sozialen Schichten ansprechen will" (ebd.).

---

3   u.a. Hamburger Bürgerschaftswahl 1966: 3,9 %; u.a. bayerische Landtagswahl 1966: 7,4 %; u.a. hessische Landtagswahl 1966: 7,9 %; u.a. baden-württembergische Landtagswahl 1968: 9,8 % (vgl. ebd., S. 26 ff.)

Dies ging mit einer Öffnung gegenüber Neonazis einher und führte zu einem starken Mitgliederwachstum der Partei, „[...] wobei sich dieses Personenpotential vor allem in der Jugendorganisation, den „Jungen Nationaldemokraten" (JN), sammelte [...]" (ebd.). Die NPD „[...] wurde [...] nach den Verboten neonazistischer Vereinigungen zu einem wichtigen Auffangbecken [...]" (Bölting, 1997, S. 183) für die Mitglieder dieser Gruppierungen, was die Entwicklung innerhalb ihrer beständig wachsenden Jugendorganisation erklären könnte (vgl. Pfahl-Traughber, 2000, S. 36). Bölting definiert diese Funktion der NPD-Jugendorganisation weitergehend hinsichtlich der neonazistischen Szene und beschreibt sie so, dass „[...] die Jungen Nationaldemokraten (JN) [...] ein Auffangbecken für Mitglieder verbotener militanter neonazistischer Organisationen [...]" (Bölting, 1997, S. 62) darstellen.

Dies macht sich bis in die Führungsebene der JN bemerkbar, denn „So gehören dem JN-Bundesvorstand die Neonazis Steffen HUPKA und Jens PÜHSE an" (Bundesamt für Verfassungsschutz [Hg.], August 1999, S. 49). Welch enormer Einfluss auf junge Menschen hinter diesen Namen und Daten steht lässt sich aus der Tatsache schließen, dass es der NPD gelungen ist, „Durch diese gezielte Strategie [...] insbesondere in den ostdeutschen Ländern [...] vergleichsweise schnell neue und insbesondere junge Mitglieder zu werben" (Bundesamt für Verfassungsschutz [Hg.], Oktober 2000, S. 15). Bei der Mehrzahl der Mitglieder der Jungen Nationaldemokraten sowie den meisten Neuzugängen der Stammpartei „[...] handelt es sich insbesondere um junge Männer aus den ostdeutschen Ländern, von denen nicht zufällig Sachsen mit mittlerweile rund 1 000 Mitgliedern den bundesweit stärksten Landesverband darstellt" (Pfahl-Traughber, 2000, S. 36).

In diesem Zusammenhang ist festzustellen, „[...] daß sich die zumindest in den westlichen Bundesländern stärker vorhandene Abgrenzung des rechtsextremistischen Parteienspektrums zu den Neonazis und Skinheads zumindest bei der NPD aufgelöst hat" (ebd.). Nicht nur aus dieser Annäherung an die jugendliche Subkultur der Skinheads sowie der Tatsache, „[...] daß sie bei NPD-Veranstaltungen als Saalschützer auftreten" (Heitmeyer, 1995, S. 23), und „Die überwiegende Mehrzahl fremdenfeindlicher Straf- und Gewalttäter [...] junge Männer unter 20 Jahren, viele davon Schüler oder Lehrlinge/Auszubildende" (Bölting, 1997, S.77) sind, sondern auch aus aktuellen Daten des Bundesamts für Verfassungsschutz wird deutlich, wie sehr die NPD heranwachsende Menschen und junge Erwachsene vor allem in Ostdeutschland als Zielgruppe ins Visier genommen hat.

Bezüglich Gewaltakzeptanz ist nach Angaben des Verfassungsschutzes das Verhältnis der NPD zu Gewalt und ihrer Anwendung als ambivalent zu bezeichnen (vgl. Bundesamt für Verfassungsschutz [Hg.], 2001, S. 67), da es in der Partei „[...] relativierende Töne bis hin zu eindeutigen Bekenntnissen für die Anwendung von Gewalt als Mittel der politischen Auseinandersetzung [...]" (ebd.) gibt. Aggression könnte so auch als Motivation für die Verwendung von Begriffen wie „[...] "Mobilmachung", „Einberufungsbefehl" und „politische Soldaten der Arbeit" [...]" (ebd., S. 69) in der politischen Agitation der JN erklärt werden, die sie gegenüber ihren Mitgliedern, aber auch ihrer Zielgruppe im Allgemeinen praktiziert. Es ist davon auszugehen, dass diese Zielgruppe wohl rechtzeitig nach der deutschen Wiedervereinigung von NPD und JN erkannt wurde, als „[...] nach einer INFAS-Repräsentativerhebung vom August 1992 in Westdeutschland 19 Prozent (!), in Ostdeutschland (trotz der dort stärkeren Ablehnung von Ausländern) 12 Prozent auch tatsächlich bereit waren, „eine Partei rechts von der CDU" zu wählen" (Bölting, 1997, S. 103).

Zum Verhältnis der NPD zu Neonazis und Skinheads lässt sich anhand der im Verfassungsschutzbericht 2000 vorliegenden Fakten sagen, dass sich die NPD als Speerspitze einer sozialen Protestbewegung versteht, in der Aktionsbündnisse mit sogenannten freien Kameradschaften und Organisationen von Neonazis und Skinheads zu einer Überwindung des bestehenden demokratischen Systems führen sollen (vgl. Bundesamt für Verfassungsschutz [Hg.], 2001, S. 65). NPD-Bundesgeschäftsführer Ulrich Eigenfeld benannte in diesem Rahmen die Öffnung gegenüber Skinheads als diejenige gegenüber „[...] allen Kräften, die die Zukunft Deutschlands im Blick haben" (Kölner Stadtanzeiger vom 7. September 2000 zitiert nach ebd., S. 66). Die NPD bedient sich dabei der rechtsextremistischen Skinheads nicht nur als Mobilisierungs- und Demonstrationsressourcen, sondern bietet diesen auch das entsprechende Rahmenprogramm und engagiert sich als Konzertveranstalter sowie im Tonträgervertrieb (vgl. Bundesamt für Verfassungsschutz [Hg.], August 1998, S. 26) der für diese jungen Menschen relevanten Rockmusik (Details zu rechtsextremistischer Musik werden in 1.3.2 dargestellt).

Es ist nach diesen aktuellen Erkenntnissen davon auszugehen, dass den JN bezüglich der Rekrutierung von Nachwuchs eine zentrale Rolle zukommt. Ihr Ziel ist es, „[...] der Mutterpartei „weltanschaulich geschulten und charakterlich gefestigten Führungsnachwuchs" zu liefern, um die NPD zum politischen „Willensträger der deutschen Nation" zu erheben" (Bundesamt für Verfassungsschutz [Hg.], 2001, S. 69). Sie pflegt ein Selbstverständnis „[...] als nationalistische und sozialrevolutionäre Jugendbewegung sowie als die junge „Mannschaft des neuen Reiches", die die entwurzelte Jugend Deutschlands wieder an ihr Volk und an ihr Vaterland bindet und ihr eine Vision des Kommenden gibt, für die es sich lohnt zu kämpfen" (ebd.).

Mit der in einer Auflage von tausend Stück erscheinenden Publikation „Der Aktivist" verfügen die JN über ein eigenes Printmedium, mittels dessen sie ebenfalls in unregelmäßigen Abständen ihre politischen Botschaften verbreiten (vgl. ebd.), im Gegenzug erschienen in Fanzines der Skinheadszene „[...] Beiträge über [...] die von der „Nationaldemokratischen Partei Deutschlands" (NPD) bzw. den „Jungen Nationaldemokraten" (JN) organisierten Demonstrationen in München und Dresden" (Bundesamt für Verfassungsschutz [Hg.], August 1998, S. 21). Eine Auswahl der Medien des rechten Spektrums und deren Wirkung auf junge Menschen wird in 1.3.3 näher beleuchtet.

Um abschließend die Bedeutung der NPD hinsichtlich der ideologischen Gewinnung Jugendlicher zu unterstreichen, lässt sich zusammenfassen, dass „[...] die NPD insbesondere auf die Jugend" (Bundesamt für Verfassungsschutz [Hg.], 2001, S. 50) setzt. Dieser Tatsache ist sich die Partei durchaus bewusst und bekennt offen, „[...] Sie verfüge über [...] den nicht zu unterschätzenden Zugang zur Jugend, somit über das notwendige Aktionspotential auf der Straße" (ebd.) und lässt über ihren Bundesvorsitzenden verlauten: „Unser größtes Augenmerk richten wir auf die Jugend [...] Wir müssen dieser Jugend beibringen, die Zustände, unter denen sie zwangsläufig aufwächst, nicht zu akzeptieren, sondern [...] aufzeigen, daß wir gemeinsam als Deutsche sehr wohl eine Zukunft haben werden [...] Voraussetzung dafür ist [...] die Schaffung einer Volksgemeinschaft" (NPD-Infoseiten, 2.Tag des nationalen Widerstandes, S. 3 zitiert nach ebd.).

Wie die Republikaner meldete auch die NPD „[...] Demonstrationen aus Anlaß der Tötung eines jungen Rechtsextremisten im Mai 1995 in Neuhaus (Thüringen)" (Bundesamt für Verfassungsschutz [Hg.], August 1998, S. 25) an und zielte damit inhaltlich und technisch auf die direkte Rekrutierung Angehöriger der rechtsextremistischen Jugendszene der Skinheads ab (vgl. ebd.). All diese Maßnahmen sind als der sogenannte „Kampf um die Strasse" neben dem „Kampf um die Köpfe" und dem „Kampf um die Parlamente" ein tragender weil mobilisierender Teil des „Drei-Säulen-Konzepts" der NPD (vgl. Bundesamt für Verfassungsschutz [Hg.], Oktober 2000, S. 16). In Sachsen sind über 60 Prozent der NPD-Mitglieder nicht älter als 25 Jahre und mehrheitlich direkt und nicht aus der Neonazi-Szene oder der JN stammend in die rechtsextremistische Partei eingetreten (vgl. Bundesamt für Verfassungsschutz [Hg.], Januar 1999, S. 27).

1.2.3 Die Deutsche Volksunion (DVU)

Wie die beiden bisher vorgestellten Rechtsparteien wird auch die Deutsche Volksunion (DVU) vom Verfassungsschutz beobachtet.

Die DVU wurde auf Vereinsebene (vgl. Bundesamt für Verfassungsschutz [Hg.], 2001, S. 71) 1971 „Als eine Art organisatorisches Erbe der NPD, zumindest was ihren Status als [...] rechtsextremistische Organisation angeht [...]" (Pfahl-Traughber, 2000, S. 28) von Dr. Gerhart Frey gegründet, der seither ihr Bundesvorsitzender ist (vgl. Bundesamt für Verfassungsschutz [Hg.], 2001, S. 71) und die Partei „[...] streng zentralistisch und autoritär [...]" (Bölting, 1997, S. 174) führt. In einer Zeit, in der wie im vorangegangenen Abschnitt beschrieben die NPD an Bedeutung verlor, bot sich die neugegründete DVU „[...] als überparteiliches Auffang- und Sammelbecken für die zerfallende extremistische Rechte [...]" (Pfahl-Traughber, 2000, S. 28) an und nahm anfangs weniger am politischen Tagesgeschäft teil, sondern diente vielmehr ihrem Gründer Frey, „[...] Verleger der „Deutschen National Zeitung", [...] die Leserschaft seiner Publikationen in einer aus inaktiven Mitgliedern bestehenden Organisation zu bündeln und um sie herum ein Netzwerk mit auf bestimmte Zielgruppen zugeschnittenen "Aktionsgemeinschaften" zu entwickeln" (ebd.).

Eine Umorientierung dieser Handlungsweise in eine politisch aktive Rolle erfolgte in den achtziger Jahren, die anfangs in „[...] Wahlempfehlungen zugunsten der NPD [...]" (ebd., S. 28 ff.) bestand. Da sich eine Entwicklung anbahnte, in der „[...] die aufkommende Partei „Die Republikaner" im rechtsextremistischen Parteienlager deren Dominanz aufzuheben [...]" (ebd., S. 29) drohte, „[...] rückte Frey vom „überparteilichen" Charakter der DVU ab und gründete Anfang März 1987 die „Deutsche Volksunion – Liste D" als Partei und eingeschriebene Wahlorganisation" (ebd.).

Bis 1990 arbeitete die DVU dabei auf der Basis eines Kooperationskonzepts mit der rechtsextremistischen Partei NPD zusammen, beendete diese Allianz dann aber aufgrund ihrer Erfolglosigkeit (vgl. ebd.). Während das Programm der Partei anfangs von „[...] diffusen Schlagworten wie „Deutschland soll deutsch bleiben", „Deutschland zuerst" und „Gleichberechtigung für Deutschland" oder allgemeinen Forderungen zur Schaffung von Arbeitsplätzen, der Sicherung der Renten oder dem Schutz vor Kriminalität" (ebd.) beherrscht war, wurden im Laufe der Zeit „Je nach politischer Situation [...] Vorurteile und Hass auf Ausländer [...] oder auf Repräsentanten jüdischer Gemeinden in Deutschland geschürt [...]" (Bölting, 1997, S. 175).

Leitmedium der DVU-Mitglieder ist dabei die „National-Zeitung/Deutsche Wochenzeitung" (NZ), die wöchentlich in einer geschätzten Auflage von 45.000 Exemplaren erscheint (vgl. Bundesamt für Verfassungsschutz [Hg.], 2001, S. 71). Einerseits werden in der Agitation der NZ und politischen Auftritten von DVU-Funktionären „Demokratische Politiker [...] grundsätzlich als „Pharisäer" und reine „Absahner" bezeichnet" (Bölting, 1997, S. 175), andererseits mangelt es „An einer innerparteilichen Demokratie [...] bei der DVU selbst auf rein formaler Ebene" (Pfahl-Traughber, 2000, S. 29). Die „[...] nach traditionellen rechtsextremistischen Agitationsmustern [...]" (Bundesamt für Verfassungsschutz [Hg.], 2001, S. 72) gestalteten Beiträge belegen, „[...] dass es nicht um die Lösung von Problemen oder um die demokratische Auseinandersetzung geht, sondern dass Pauschalisierungen und Herabwürdigungen eindeutig zu Angriffen auf wesentliche Prinzipien der freiheitlichen demokratischen Grundordnung dienen sollen" (ebd.).

Alle Fäden politischen Handelns und Entscheidens werden in der Münchner Zentrale gezogen, wo Frey selbst die Anweisungen für Mandatsträger der DVU in diversen Parlamenten entwirft und versenden lässt (vgl. Pfahl-Traughber, 2000, S. 30). Obwohl der Partei jede Struktur einer solchen fehlt, „[...] konnte die DVU mitunter eine erstaunlich hohe Wahlzustimmung für sich verbuchen [...]" (ebd.)[4].

Die DVU gilt im Jahr 2000 als „[...] weiterhin mitgliederstärkste Partei im rechtsextremistischen Spektrum [...]" (Bundesamt für Verfassungsschutz [Hg.], 2001, S. 71). Als Themenschwerpunkte ihrer Arbeit können „[...] „Fremdenfeindlichkeit", „Antisemitismus" und „Revisionismus"" (ebd.) bezeichnet werden, wobei „Ausländer und Juden [...] als antideutsche Feindbilder dargestellt" (ebd.) werden. Bezüglich der fremdenfeindlichen Agitation der DVU kann gesagt werden, dass durch diese „[...] bewusst Vorurteile in der Bevölkerung angeheizt [...]" (ebd., S. 72) werden und versucht wird, „[...] Überfremdungsängste zu schüren" (ebd., S. 73).

Hinsichtlich der versuchten Annäherung speziell an Jugendliche oder jugendliche Subkulturen wie bspw. die der Skinheads werden im Verfassungsschutzbericht 2000 keine Angaben gemacht, die besondere Bedeutung und Wirkung dieser Partei für junge Menschen wird allerdings aus der Tatsache deutlich, „[...] daß sich bei den Landtagswahlen in Sachsen-Anhalt im April 1998 nahezu jeder vierte junge Wähler für die DVU entschied [...]" (Pfahl-Traughber, 2000, S. 112).

---

[4] u.a. Bremer Bürgerschaftswahl 1991: 6,2 %; u.a. Landtagswahl Schleswig-Holstein 1992: 6,3 %; u.a. sächsische Landtagswahl 1998: 12,9 % (vgl. Pfahl-Traughber, 2000, S. 30)

1.3 Die gewaltbereite Szene der Skinheads – Ein Blick hinter die Kulissen einer rechten Jugendsubkultur

Anhand der Beschreibungen im vorangegangenen Kapitel wird die Annäherung zwischen der politisch agitierenden Rechten an die „[...] Anhänger der jugendlichen Subkultur der Skinheads" (ebd., S. 65) sowie der Neonazi-Szene als zu mobilisierender Basis deutlich. Deshalb soll im folgenden Kapitel nach einer kurzen historischen Einführung über die Wurzeln und Entwicklung der Skinhead-Subkultur der Schwerpunkt der Beschreibungen auf der Szene der gewaltbereiten rechtsextremistischen Skinheads liegen, die in der Diskussion als „[...] politische Gruppen aus dem rechtsextremistischen Terrain, die sich im klassischen subkulturellen Sinne festgefügter Stilbildungen und sozialstruktureller Verortungen als Skinheads darstellen" (Heitmeyer/Möller, Gewalt in jugendkulturellen Szenen. In: Ferchhoff/Sander/Vollbrecht, 1995, S. 203), bezeichnet werden.

Weiter sollen die Musik dieser „[...] subkulturellen und damit eher organisationsunwilligen Skinheadszene [...]" (Bundesamt für Verfassungsschutz [Hg.], Oktober 2000, S. 5) und ihre sozialisierende Wirkung auf Jugendliche erläutert werden, da sie nach Angaben des Bundesamts für Verfassungsschutz „[...] einen Anreiz für den Einstieg in die rechtsextremistische Szene" (ebd., S. 4) darstellt. Über eine detaillierte Beschreibung der ebenfalls mit einer enormen Wirkung auf Jugendliche verbundenen Fanzines der Skinheadszene wird schließlich mit einer Beleuchtung der sprunghaft angestiegenen und nach wie vor kaum rückverfolgbaren Internetpropaganda rechtsextremistischer und neonazistischer Kreise als neues Medium vor allem bei Jugendlichen der erste Teil der vorliegenden Arbeit abgeschlossen.

1.3.1 Profil und Entwicklung

Es ist grundsätzlich falsch davon auszugehen, bei der Subkultur der Skinheads, handle es sich ausschließlich um eine durchweg rechtsradikale Protestbastion als „[...] letztem militanten Jugend-Tribe [...]" (Seeßlen, Wisch und Weg. In: SPoKK [Hg.], 1997, S. 385). Rechtsextremisten bilden „[...] innerhalb der Gesamtpopulation der Skinheads [...] nur eine Minderheit

[...]" (Farin, 1997, S. 8), und es „[...] stehen zumindest organisierte Rechte und militante Ausländerhasser im Abseits" (ebd.). Wenn auch aktuelle fremdenfeindliche Ereignisse und die Berichterstattung in den Medien einen anderen Eindruck erwecken, so sollte von „[...] einer sich eher diffus präsentierenden Skinhead-Kultur [...]" (Hebecker, Vom Skinhead im Zeitalter seiner Unkenntlichkeit. In: SPoKK [Hg.], 1997, S. 93) ausgegangen werden, in der es rechte Gewalttäter gibt, die „[...] (in der Alltagspraxis [...] eher eine eigene Subkultur mit eigenen Bands, Treffpunkten, Konzerten, Fanzines usw.)" (Farin, 1997, S. 8) bilden.

Auch Baacke stellt dies in seinem Buch „Jugend und Jugendkulturen" fest und widerspricht der Annahme, „[...] daß die Skins durchweg rechtsradikal seien – weder in Großbritannien noch in der Bundesrepublik" (Baacke, 1999, S. 82), bemerkt aber in diesem Kontext, dass „[...] Skins, [...] orientiert am Territorial-Prinzip (Verteidigung eines bestimmten Distrikts gegen eine ‚fremde' Gruppe) aggressive Kämpfer sind" (ebd.).

Die Wurzeln der heute als Skinheads, (was „[...] sinngemäß soviel wie „Kahlgeschorene Köpfe" [...]" (Pfahl-Traughber, 2000, S. 66) bedeutet), bezeichneten Szene bildeten sich „[...] gegen Ende der 60er Jahre in den Arbeitervierteln großer englischer Städte als subkulturelle Protestbewegung gegen die herrschenden sozialen Mißstände und steigende Arbeitslosigkeit" (Bundesamt für Verfassungsschutz [Hg.], Januar 2000, S. 1) und waren „[...] zunächst 'crews', weit verbreitet in Londons *East End* und in den *Midlands*" (Baacke, 1999, S. 80). Diese anfangs „[...] eher unpolitische Jugendbewegung, die sich gegenüber anderen Subkulturen durch ihre szenetypische Kleidung [...] abgrenzte [...]" (Bundesamt für Verfassungsschutz [Hg.], Januar 2000, S. 1)[5], wurde „[...] Anfang der Siebzigerjahre [...] zunehmend fremdenfeindlich-gewalttätiger [...]" (Bölting, 1997, S. 188).

Zu Beginn der achtziger Jahre geriet die Szene „[...] zunehmend in den Einfluss rechtsextremistischer Organisationen" (Bundesamt für Verfassungs-

---

5   rechtsradikale Skinheads codieren sich in der Regel durch einen speziellen äußeren Stil: männliche Szeneangehörige bevorzugen „[...] möglichst hohe Stiefel mit weißen Schnürsenkeln [...] schwarze Bomberjacke, schwarze Jeans und eine Naßrasur" (Farin, 1997, S. 121), weibliche Szenemitglieder tragen „[...] des öfteren einen kahlgeschorenen Schädel, nur durch einen ‚Pony' aufgelockert" (ebd.).

schutz [Hg.], Januar 2000, S. 1) und war bereits zuvor „[...] das begehrteste Objekt für die Agitation der *NF*, eine damals offen faschistische Partei, die sich an der Politik Adolf Hitlers orientierte" (Farin/Seidel-Pielen, 1993, S. 219). So kam es „[...] längerfristig zu einer Ausdifferenzierung in einen rechtsextremistisch orientierten Teil, in einen sich unpolitisch verstehenden Teil und in eine sich antirassistisch links verstehende Minderheit" (Pfahl-Traughber, 2000, S. 66). Dem britischen Vorbild folgend erschienen erstmals Anfang der achtziger Jahre „[...] in der Bundesrepublik die *Skins* [...] die sich in ihren Provokationen der Nazi-Symbolik bedienen und [...] an rassistischen Ausschreitungen beteiligen" (Eckert, Distinktion durch Gewalt. In: Ferchhoff/Sander/Vollbrecht [Hg.], 1995, S. 189). Folglich sind seit dieser Zeit verschiedene, politisch unterschiedliche ausgerichtete Strömungen innerhalb der Skinhead-Szene auszumachen, deren größter Teil neben den sogenannten Oi- und SHARP-Skins[6] nach Angaben des Bundesamts für Verfassungsschutz als rechtsextremistisch gilt (vgl. Bundesamt für Verfassungsschutz [Hg.], Januar 2000, S. 1).

Auch in der ehemaligen DDR existierte eine subkulturelle Skinheadszene, „[...] welche seit Mitte der achtziger Jahre ebenfalls verstärkt rechtsextremistische Ideologiefragmente und Orientierungen annahm [...]" (Pfahl-Traughber, 2000, S. 67). Das Denk- und Weltbild dieser Subkultur „[...] nahm aber dort ebensowenig wie bei den meisten anderen rechtsextremistisch orientierten Skinheads die Form einer geschlossenen Ideologie an, vielmehr handelte es sich meist um diffuse Vorstellungen und platte Feindbilder [...]" (ebd.). Das Agieren der DDR-Skins war geprägt von „[...] aggressiven Parolen oder gar Aktionen gegen Angehörige als gegnerisch eingeschätzter gesellschaftlicher Gruppen [...]" (ebd.).

Die Skinheadszene entwickelte sich und „[...] wuchs weiter, vor allem in ländlichen und kleinstädtischen Regionen lockten die Schlagzeilen Jüngere an, denen das Image und die Haltung eines rassistischen Gewalttäters gefiel" (Farin, Reaktionäre Rebellen. In: Baacke/Farin/Lauffer [Hg.], 1999, S. 22). Dieser Teil der Szene bildet „[...] seit Anfang der 90er Jahre die zah-

---

6   Oi-Skins sind Angehörige der Skinheadszene, „[...] die im Skinhead-Sein lediglich einen subkulturellen Lebensstil ohne politische Inhalte sehen und in erster Linie „Spaß haben" wollen" (Bundesamt für Verfassungsschutz, Januar 2000, S. 1). SHARP-Skins (Skinheads against racial prejudices) sind politisch eher links angesiedelt (vgl. ebd.).

lenmäßig größte Gruppe der weit über 8000 gewaltbereiten Rechtsextremisten in Deutschland" (Bundesamt für Verfassungsschutz [Hg.], Januar 2000, S. 1) und ist „[...] in erster Linie von männlichen Jugendlichen geprägt" (Pfahl-Traughber, 2000, S. 68), von denen „Über die Hälfte [...] in den ostdeutschen Ländern, wo sie eine im Anwachsen begriffene Jugendkultur darstellen [...]" (ebd.), agiert. Diese aufkeimende Jugendkultur vereint die mit einer „[...] dumpfen Mischung aus Nationalismus, Workingclass-Stolz, Fremdenfeindlichkeit, Angst und Aggression auftretenden, militanten und gewaltbereiten [...] ‚Fascho-' oder ‚Scheitelskins' (die nicht nur mit dem Heben der rechten Hand zum Hitlergruss [...] ganz weit rechts stehen und schon mal ‚Aussiedler', ‚Schwule', ‚Linke' und Ausländerjugendliche ‚aufmischen' und malträtieren, ‚Türken-klatschen' und Asylantenheime anzünden) und die verschiedenen, sich mehr und mehr vor allem im Osten organisierenden Gruppierungen der Neo-Nazis, die nicht nur mit den Symbolen der Nazizeit spielen und kokettieren, sondern im Rahmen geschlossener rechter und faschistoider Weltbilder und dem ganzen Gedankenschrott des Dritten Reiches schon eher wie SA-Sturmtrupps gewaltförmige Aktionen initiieren, provozieren und diese in ihrem Sinne ‚eindeutige' Weise praktisch wirksame ideologisch-rassistische Propaganda in Form von gewalttätigen Auseinandersetzungen betreiben" (Ferchhoff/Neubauer 1997, S. 155). In den ostdeutschen Bundesländern ist „[...] sowohl im Verhältnis zu den meisten anderen Ländern als auch zur Einwohnerzahl [...]" (Bundesamt für Verfassungsschutz [Hg.], August 1998, S. 4) die Anzahl rechtsextremistischer junger Menschen besonders hoch, von denen zwei Drittel vermutlich unter zwanzig Jahre alt und damit als sehr jung zu bezeichnen sind (vgl. Pfahl-Traughber, 2000, S. 68).

Die Zahl der rechtsextremistischen Skinheads ist bis 2000 weiter gestiegen und „[...] belief sich Ende des Jahres auf rund 9.700 [...]" (Bundesamt für Verfassungsschutz [Hg.], 2001, S. 32). Im Vergleich dazu lag sie 1999 bei 9.000 (vgl. ebd.), 1998 gab der Verfassungsschutz das Personenpotential dieser Gruppe noch mit „Rund 6000 [...]" (Bundesamt für Verfassungsschutz [Hg.], August 1998, S. 5) an, und direkt nach der Wende wurden „Im Verfassungsschutzbericht 1990 [...] für Westdeutschland etwa 2.500 bis 3.000 Skinheads, davon 500 neonazistische oder ‚neonazistischanpolitisierte' geschätzt" (Eckert, Distinktion durch Gewalt. In: Ferchhoff/Sander/Vollbrecht [Hg.], 1995, S. 190). Für Ostdeutschland wurden im gleichen Jahr „[...] 3.000 neonazistische Skinheads geschätzt" (ebd.).

Anhand dieser Zahlen kann von einem immensen Zulauf junger Menschen in die rechtsextremistische Skinheadszene gesprochen werden, wobei „[...] der hohe Anteil von Jugendlichen besondere Beachtung [...]" (Pfahl-Traughber, 2000, S. 117) verdient, da er „[...] ein Novum in der bisherigen Geschichte des deutschen Rechtsextremismus darstellt [...]" (ebd.). Diese Entwicklung bringt mit sich, dass insbesondere „[...] in den östlichen Bundesländern [...] eine stärkere alltagskulturelle Etablierung" (ebd.) einer „[...] eigenständigen rechtsextremistischen Jugendkultur [...]" (ebd.) droht.

Mitte der neunziger Jahre gelang es „[...] der international aktiven Skinhead-Gruppierung „Blood & Honour" [...] szeneinterne Strukturen auch in Deutschland zu entwickeln" (Bundesamt für Verfassungsschutz [Hg.], Oktober 2000, S. 5). Dabei wurde primär „[...] die rechtsextremistische Skinhead-Musik [...] auf [...] konspirativ organisierten Konzerten verbreitet" (ebd., 2000, S. 6) und versucht, „[...] die Skinhead-Szene [...] und ihre Anhänger vorwiegend über das Medium Musik neonazistisch zu beeinflussen" (Bundesamt für Verfassungsschutz [Hg.], August 1998, S. 11). Dabei „[...] organisiert Blood & Honour das rassistische Fußvolk" (Farin, Reaktionäre Rebellen. In: Baacke/Farin/Lauffer [Hg.], 1999, S. 59). In mehr als der Hälfte aller Bundesländer wurden sogenannte „Blood & Honour"-Sektionen gegründet, die netzwerkartig miteinander kooperierten und in ständigem Kontakt standen (vgl. Bundesamt für Verfassungsschutz [Hg.], August 1998, S. 11). Im September 2000 wurde die „Blood & Honour-Division Deutschland" und die ihr zugehörige Jugendorganisation „White Youth" wegen ihrer gegen die Verfassung ausgerichteten Agitation in Deutschland verboten (vgl. Bundesamt für Verfassungsschutz [Hg.], 2001, S. 36). Eine zweite bedeutende Skinhead-Organisation ist die „[...] aus den USA stammende „Hammerskin"-Bewegung" (Bundesamt für Verfassungsschutz [Hg.], August 1998, S. 12). Die Hammerskins bekennen sich „[...] zu einem rassistischen und zum Teil nationalsozialistischen Weltbild" (ebd.) und „[...] verstehen [...] sich als elitäre Strömung innerhalb der Szene" (Bundesamt für Verfassungsschutz [Hg.], 2001, S. 37). Die „[...] nationalistisch und rassistisch orientierten Hammerskins [...]" (Lauffer, Ein Gespenst mit neuem Leben. In: Baacke/Farin/Lauffer [Hg.], 1999, 1999, S. 6) konnten sich „[...] aber bis heute nicht in dem Maße wie „Blood & Honour" etablieren" (ebd.) und besitzen ein Mitgliederpotential von „[...] rund 100 Personen" (ebd.). Zu Beginn des Jahres 2000 stand fest, dass sich trotz einer „[...] Konkurrenz zwischen „Blood & Honour" und „Hammerskins""

(Bundesamt für Verfassungsschutz [Hg.], Januar 2000, S. 9) beide Organisationen ein Selbstverständnis „[...] als Teil eines gemeinsamen subkulturellen und politischen Lagers [...]" (ebd.) für sich beanspruchten.

Beide organisierten Bewegungen gelten als „Organisatorische Katalysatoren dieses [rechtsextremistischen] Bewußtseins innerhalb der rechten Subkultur [...]" (Farin, Reaktionäre Rebellen. In: Baacke/Farin/Lauffer [Hg.], 1999, S. 59) und versuchen „[...] gezielt [...] in die Lebens- und Ideenwelten jugendlicher Rechtsrockfans, Skinheads usw. rassistisches Gedankengut zu implantieren" (ebd.). Das Verbot der „Blood & Honour"-Organisation lässt nicht darüber hinwegsehen, dass es sich bei den Mitgliedern der gewaltbereiten rechtsextremistischen Szene „[...] überwiegend um Skinheads [...]" (Bundesamt für Verfassungsschutz [Hg.], Oktober 2000, S. 20) handelt, die „[...] als eigenständige Jugendkultur anziehend auf Jugendliche in bestimmten sozialen Situationen wirken können" (ebd.), womit bezüglich Rekrutierungsversuchen rechter Parteien und der Strukturierung diverser szeneinterner Organisationen weiter festgestellt werden kann, dass „[...] der deutsche Rechtsextremismus erstmals in seiner Nachkriegsgeschichte [...] ein für Jugendliche attraktives Organisationsangebot" (ebd.) besitzt und offerieren kann.

1.3.2 Rock von rechts und seine Bedeutung für die Szene

> „Hinter jedem Jugendlichen, der es nötig hat, rechtsextreme Rockmusik zu seiner Lieblingsmusik zu erwählen, steht ein Mensch, der massive Probleme mit seiner sozialen Anerkennung und seiner Akzeptanz gehabt hat oder hat" (Dollase, Welche Wirkung hat der Rock von Rechts? In: Baacke/Farin/Lauffer [Hg.], 1999, S. 114).

Die wohl bedeutendste subkulturelle Komponente innerhalb des rechtsextremistischen Spektrums ist die sogenannte „Skinhead-Musik" (vgl. Bundesamt für Verfassungsschutz [Hg.], 2001, S. 38), da sie und die mit ihr verbundenen Konzerte „[...] weiterhin die entscheidenden Elemente für den Zusammenhalt der Szene" (Bundesamt für Verfassungsschutz [Hg.], August 1998, S. 4) darstellen. Unter der Bezeichnung „[...] ‚rechte Rockmusik' [...]" (Lauffer, Ein Gespenst mit neuem Leben. In: Baacke/Farin/Lauffer [Hg.], 1999, S. 6) wird sie als „[...] ein kultureller Komplex zusammengefasst, der sich intern weit ausdifferenziert [...]" (ebd.) und dient vielen Jugendlichen als „[...] Einstieg in die rechtsextremistische Szene" (Bundesamt für Verfassungsschutz [Hg.], 2001, S. 38). Auf rechtsextremistische Liedermacher[7], die bei Skinheads ebenfalls hohe Bedeutung genießen und oft im Rahmenprogramm rechtsextremistischer Parteitage oder Demonstrationen auftreten (vgl. Bundesamt für Verfassungsschutz [Hg.], August 1998, S. 19), soll im Rahmen dieser Arbeit nicht eingegangen werden. Obwohl „[...] die Aggressivität der von deutschen Skinhead-Bands verbreiteten Texte hoch" (Bundesamt für Verfassungsschutz [Hg.], 2001, S. 38) ist, soll auf mögliche Ursachen rechtsextremistischer und fremdenfeindlich ausgerichteter Gewalt sowie Motivationen zu entsprechenden Handlungsweisen im zweiten Teil dieser Arbeit explizit Bezug genommen werden.

Skinhead-Musik gilt als essentielles Charakteristikum für eine „[...] neue Jugendkultur mit rechter Orientierung [...]" (Lauffer, Ein Gespenst mit neuem Leben. In: Baacke/Farin/Lauffer [Hg.], 1999, S. 6), da die Skinhead-Bands als deren Protagonisten „Als Kitt für die Binnenstabilität und als Ferment für die Wirkung nach außen dienen [...]" (Baacke, Ortlos - orientierungslos. In: Baacke/Farin/Lauffer [Hg.], 1999, S. 84). Musikalisch steht die Musik „[...] mit ihren harten und aggressiven Rhythmen in ihrer Ausdrucksform dem Hard Rock oder Heavy Metal" (Bundesamt für Verfassungsschutz [Hg.], Januar 2000, S. 2) nahe und drückt in ihren Texten „[...] eine gewalttätige und menschenverachtende Einstellung aus" (ebd.). Es kann festgestellt werden, dass Skinhead-Musik mit Rassismus, Antisemitismus, übersteigertem Nationalbewusstsein, der Glorifizierung der NS-Ideologie, häufiger Verherrlichung der nordischen Rasse sowie der Verunglimpfung von Juden und Ausländern über die ideologischen Fragmente verfügt, die eine rechtsextremistische Grundhaltung ausmachen (vgl. ebd.). Pfaff äußert sich zu rechtsextremistischer Musik ähnlich und beschreibt die Songs diverser entsprechender Bands als „[...] „Sprachwerke" voller Rassismus, voller Antisemitismus und [...] voll von übersteigertem National-

---

7   Die „[...] meist im Balladenstil gehaltene – Musik [...]" (Bundesamt für Verfassungsschutz, August 1998, S. 19) wird oft im Rahmenprogramm von rechten Parteiveranstaltungen aufgeführt (vgl. ebd.). Frank Rennicke gilt als der im rechten Spektrum populärste Liedermacher ist (vgl. ebd.).

bewusstsein in einer primitiven Sprache" (Pfaff – Die Sprache der Gewalt beeinflußt das Handeln. In: Becker/Coburn-Staege [Hg.], 1994, S. 301).

Rechtsrock entstand als „Oi!-Musik" in den siebziger Jahren aus der Mischung der Skinheadkultur und Punkbewegung in England (vgl. Bölting, 1997, S. 188). Die Skinheads „[...] orientierten sich zunächst am Punk, verschärften ihn jedoch noch durch aggressive Komponenten und durch die noch radikaleren Simplifizierungen der sogenannten *Oi-Oi-Musik*" (Baacke, 1999, S. 81). Mit dieser „[...] Verknüpfung von Rockmusik und rechtsradikalen Inhalten wurde aber auch der für die Jugendgenerationen der sechziger und siebziger Jahre identitätsstiftende Konsens aufgekündigt, Rockmusik sei per se politisch progressiv" (Farin, Reaktionäre Rebellen. In: Baacke/Farin/Lauffer [Hg.], 1999, S. 13).

Musik gilt im subkulturellen Kontext als ein Bestandteil des Charakters der Abgrenzung, den eine Subkultur mittels Symbolik wie Haartracht und Kleidung pflegt (vgl. Eckert, Distinktion durch Gewalt? In: Ferchhoff/Sander/Vollbrecht [Hg.], 1995, S. 187), wobei das eigene Weltbild in eine Verdichtung spezifischer Emotionen mündet, „[...] die vor allem in der Musik zum Ausdruck kommen" (ebd.). Ein eigener Hintergrund als tragender Bestandteil einer Subkultur „[...] mit Konzerten, Fanzines, Vertrieben, Plattenfirmen usw. – bildete sich erst Anfang der achtziger Jahre mit dem Aufkommen der Skinhead-Szene in Deutschland heraus" (ebd., S. 14), obwohl es bereits „[...] in den siebziger Jahren [...] hier und da Versuche rechtsradikaler Organisationen, die wichtiger gewordene Zielgruppe Jugend mit Hilfe „modernerer" Musik anzusprechen (beispielsweise die NPD-Band Ragnaröck, deren Aufnahmen von 1977 heute wieder in der rechten Szene kursieren)" (ebd.), gegeben hatte. Nachdem der Staat bis Mitte der neunziger Jahre mit repressiven Maßnahmen gegen die rechte Musikszene für deren kurzfristige Verunsicherung gesorgt hatte, passten sich die entsprechenden Aktivisten den neuen Bedingungen an und verpackten ihre Botschaften in rechtlich kaum anfechtbare Texte, die sich immer an den äußersten Grenzen der Legalität bewegten (vgl. ebd., S. 27). Seit dieser Zeit „[...] befindet sich die Musikszene [...] wieder in einem Aufwärtstrend" (Bundesamt für Verfassungsschutz [Hg.], August 1998, S. 4), in dessen Folge 1997 „[...] rund 90.000 rechtsextremistische CDs" (ebd.) beschlagnahmt wurden.

1998 existierten „[...] in Deutschland rund 70 Skinhead-Bands, von denen allerdings einige nicht öffentlich auftreten, sondern nur Tonträger produzieren" (ebd., S. 16). Die seit 1997 wieder zunehmend aggressiver getexteten Botschaften der entsprechenden deutschen Bands stammten dabei insbesondere aus ausländischer Produktion (vgl. ebd.). Bandnamen wie „Arisches Blut", „Zillertaler Türkenjäger", „Macht & Ehre" (vgl. ebd., S. 17 ff.), „Störkraft", „Triebtäter", „Kraftschlag", „Foierstoss", „Rheinwacht", „Diktator", „Radikahl", „Landser", „Heldentreue, „Sturmtrupp" oder „Volkstroie" (vgl. Farin, Reaktionäre Rebellen. In: Baacke/Farin/Lauffer [Hg.], 1999, S. 25 ff.) demonstrieren dabei deutlich den aggressiven und militanten Charakter der Musik, die „[...] nicht nur antisemitische sondern auch ausländerfeindliche Botschaften, gerichtet vor allem gegen Türken" (Baacke, Ortlos - orientierungslos. In: Baacke/Farin/Lauffer [Hg.], 1999, S. 99) transportiert. Die Namenswahl für weitere Skinhead-Bands wie bspw. „Wehrwolf", „Endsieg", „Heimatfront" oder „Kraft durch Froide" (vgl. Pfahl-Traughber, 2000, S. 67) zeigt außerdem „Das unterschwellige Vorhandensein von Ideologiefragmenten des historischen Nationalsozialismus [...]" (ebd.).

Weitere Themenschwerpunkte rechtsextremistischer Bands sind neben Werten wie Ehre und Treue unter Bezugnahme soldatischer Tugenden (vgl. Farin, Reaktionäre Rebellen. In: Baacke/Farin/Lauffer [Hg.], 1999, S. 43 ff.), dem Tod in seiner Form als mystifizierter Heldenfall (vgl. ebd., S. 48 ff.), Kelten- und Germanenkult (vgl. ebd., S. 51 ff.) und dem Christentum als Feindbild (vgl. ebd., S. 52 ff) in erster Linie „[...] neonazistische Ideologietransfers wie Hymnen auf Nazi-Größen, [...] die Leugnung oder Relativierung nazistischer Verbrechen [...]" (ebd., S. 56) sowie das „*Feindbild Nr.1: „Ausländer"*" (ebd., S. 57). Dieses weist eine „[...] rassistische Komponente [...]" (ebd.) auf, und im Allgemeinen gilt Rechtsrock als „[...] nicht zukunfts- , sondern feindbildorientiert" (ebd. S. 74), was insbesondere der Wirkung auf die wie bereits mehrfach geschilderten jugendlichen Anhänger wegen von hoher Relevanz ist, da diese „[...] nach und nach auch die in den Liedtexten propagierten Feindbilder übernehmen" (Bundesamt für Verfassungsschutz [Hg.], 2001, S. 38). Außerdem werden „[...] soziale Fragen angesprochen, wie sie etwas aus der Frühzeit der NSDAP bekannt sind" (Pfaff – Die Sprache der Gewalt beeinflußt das Handeln. In: Becker/Coburn-Staege [Hg.], 1994, S. 302).

Zum generell nationalistisch gefärbten Erscheinungsbild des Rechtsrock ist weiter zu bemerken, dass er „[...] abstrakte nationalistische Leitwörter verwendet, wie sie in jedem NS-Buch zu finden sind" (ebd., S. 303). Eine Verstärkung dieser nationalistischen Sichtweise wird „[...] durch Appelle an das Wir-Gefühl im Sinne der alten NS-Kameraderie noch verstärkt [...]" (ebd.), wobei die Betonung des Wir-Gefühls den Jugendlichen „[...] verbunden mit der rassistischen Ausgrenzung [...] ein einfaches Schwarzweißmodell gegenüber den Ängsten vor einer pluralistischen Gesellschaft" (ebd.) suggeriert. Diese scheinen somit „[...] durch einfache Lösungen abgebaut, etwa: "Ausländer raus!"" (ebd.), was den Jugendlichen im Zusammenspiel mit dem Rest des beschriebenen methodischen Instrumentariums des Rechtsrock „[...] die vermeintliche Sicherheit, zu wissen, wo sie stehen und wohin sie gehören" (ebd., S. 304), zu vermitteln scheint.

Die faszinierende Wirkung von Rockmusik besteht nach Baacke darin, „[...] daß das musikalische Arrangement psychosoziale Ladungen bereithält, die erst im Verbund mit der Musik und ihrem meist vierbeatigen Sound ihre überwältigende Kraft ausmachen" (Baacke, Ortlos - orientierungslos. In: Baacke/Farin/Lauffer [Hg.], 1999, S. 93). Man könnte hinsichtlich des hohen Intensitätsgrades rechtsextremistischer Gewalttaten davon ausgehen, dass Rechtsrock als identitätsstiftendes Medium weitaus verheerendere Effekte in seiner Wahrnehmung durch Jugendliche erzielen kann als bspw. konventioneller Hard-Rock oder Heavy Metal. Farin beschreibt die Wahrnehmung beim ideologisch überzeugten Teil der Fans als „[...] in der Tat der „Sound zum Rassenkrieg"" (Der Spiegel zit. nach Farin, Reaktionäre Rebellen. In: Baacke/Farin/Lauffer [Hg.], 1999, S. 78) und verweist darauf, dass „Die musikalische Qualität und Ausrichtung der Bands [...] für sie gegenüber den textlichen Aussagen zweitrangig" (ebd.) sei.

Auch Pfaff geht auf die Wirkung der Musik ein und weist darauf hin, dass die zu „[...] einer aggressiven Musik [...]" (Pfaff – Die Sprache der Gewalt beeinflußt das Handeln. In: Becker/Coburn-Staege [Hg.], 1994, S. 302) intonierten Textpassagen und ein „[...] stakkatoartiger, Rhythmus mit der ständigen Wiederholung von Kernaussagen zur latenten Gewaltbereitschaft [...]" (ebd.) führen. Demnach bekommen die Jugendlichen die rechtsextremistische Ideologie förmlich eingehämmert. Folglich führen die Tracks, „[...] in Gruppen Gleichgesinnter gehört und gegrölt [...]" (ebd.) nach Pfaff „[...] schon bei den geringsten Anlässen zu den bekannten Gewalttaten" (ebd.). Diese Bereitschaft zur Anwendung von Gewalt „[...] wird zum einen durch die Aufwertung des Gewaltbegriffs mittels der „Kriegsmetaphorik" aus der deutschnationalen bzw. nationalistischen Tradition angeregt" (ebd., S. 305), zum anderen „[...] durch Aufforderungsakte in erschreckender Brutalität angeheizt" (ebd.). Dabei werden nicht nur Begriffe wie „[...] „Ausländerklatschen" und [...] Sturm auf Ausländerwohnungen [...]" (ebd.) verwendet, es existieren auch „[...] explizite Aufforderungen, Menschen zu töten" (ebd.)[8].

Ebenso wie die rechtsextremistische Szene im Ganzen sehen sich auch die Protagonisten des Rechtsrock in ihren textlichen Botschaften als „[...] die Avantgarde des Volkes, das heimlich oder offen applaudierend hinter ihnen steht" (Farin, Reaktionäre Rebellen. In: Baacke/Farin/Lauffer [Hg.], 1999, S. 41), das Dasein in der Skinhead-Szene wird „[...] nicht mehr als jugendliche Spaßkultur beschrieben, sondern als nationale Bewegung zur Rettung des Vaterlandes" (ebd., S. 40). Hohes Ansehen genießen die Mitglieder rechtsextremistischer Bands innerhalb der Szene auch für ihre „[...] grundsätzliche Authentizität [...]" (ebd., S. 78), als weiterer „[...] identitätsstiftender Faktor [...]" (ebd., S. 79) dieser Musik gilt ihre „[...] simple Lyrik [...]" (ebd.), die ausdrückt, „[...] was ihre Fans tagtäglich bedroht und erfreut, und das in einer Sprache, die auch die ihrer Fans ist" (ebd.).

1.3.3 Skinhead-Fanzines

„Skinhead-Magazine, sogenannte **„Fanzines"** [...]" (Bundesamt für Verfassungsschutz [Hg.], April 2000, S. 27) sind „[...] trotz der steigenden Bedeutung des Internet – ein wichtiger Faktor der szeneninternen Kommunikation" (Bundesamt für Verfassungsschutz [Hg.], 2001, S. 41). Sie gelten

---

8   Textbeispiel der Gruppe Tonstörung aus Mannheim: „Wetz dir deine Messer auf dem Bürgersteig, laß die Messer flutschen in den Judenleib. Blut muß fließen knüppelhageldick, wir scheißen auf die Freiheit dieser Judenrepublik! In die Synagoge hängt ein schwarzes Schwein [...] schmiert die Guillotine aus dem Judenfett." (Wetzel, Antisemitismus als Element rechtsextremer Ideologie und Propaganda. In: Benz [Hg.], 1995, S. 109)

„[...] als das wichtigste Kommunikationsmittel fast aller Subkulturen" (Farin, 1996, S. 177). Die Mitglieder der Szene werden mittels der „[...] mit einer Auflage von einigen hundert bis hin zu mehreren tausend Exemplaren nur unregelmäßig" (Bundesamt für Verfassungsschutz [Hg.], August 1998, S. 22) erscheinenden Medien „[...] über Szeneveranstaltungen, insbesondere Konzerte, neue Tonträger und Publikationen" (Bundesamt für Verfassungsschutz [Hg.], 2001, S. 41). Außerdem sind „[...] vor allem Interviews mit rechtsextremistischen Bands, Berichte über Vertriebe und Herausgeber von Publikationen sowie Selbstdarstellungen szeneinterner aber auch anderer rechtsextremistischer Gruppen" (ebd.) Themen der Fanzines.

1996 erschienen in Deutschland „[...] mindestens sechzig Zines [...]" (Farin, 1996, S. 177). Dazu gehörten zu diesem Zeitpunkt z.B. die Fanzines „Skintonic", „Skinhead Times", „Oi!-Reka", „Moderne Zeiten", „Roial", „Foier frei!" und "Der Springende Stiefel" (vgl. ebd., S. 178 ff.). Zu den radikalen Publikationen der Szene kann die von der bereits erwähnten Blood & Honour-Organisation „[...] herausgegebene Publikation „Blood & Honour Division Deutschland" [...]" (Bundesamt für Verfassungsschutz [Hg.], Januar 2000, S. 8) gezählt werden. Die neueren und „umfangreichen bzw. aufwendig produzierten Fanzines wie „Amok", „Hass Attacke" [...]" (Bundesamt für Verfassungsschutz [Hg.], August 1998, S. 22) tragen ihre Botschaft im Titel und werden neben dem „Professionell im Stil einer Musikzeitschrift aufgemacht 1996 erstmals herausgegebenen Magazin „Rock Nord" [...]" (ebd.) sowie den Fanzines „[...] „Neue Doitsche Welle" und „Unsere Welt" [...]" (ebd.) in der jugendlichen Szene vertrieben.

Es kann festgestellt werden, dass Jugendliche durch Fanzines mit aggressiven und gewaltorientierten Denkmustern in Berührung geraten, da der „Hang zur Gewalt [...] in [...] Magazinen offen zum Ausdruck" (Pfahl-Traughber, 2000, S. 67) kommt. Ebenso wie durch die entsprechende Musik wird auch durch die Fanzines „Die Bereitschaft, Gewalt anzuwenden [...] angestachelt" (Pfaff – Die Sprache der Gewalt beeinflußt das Handeln. In: Becker/Coburn-Staege [Hg.], 1994, S. 304).

1.3.4 Die Internetnutzung rechter Strukturen

Über Medien wie die im vorangegangenen Abschnitt beschriebenen Skinhead-Fanzines hinausgehend „[...] hat sich hierzulande die neue [...] Rechte die sogenannten neuen Medien nutzbar gemacht und ihre Propaganda weitgehend ungehindert über internationale Computernetze verbreitet" (Ahlheim/Heger, 1999, S. 251). In jüngerer Zeit „[...] nutzen Skinheads [...] zunehmend das Internet" (Bundesamt für Verfassungsschutz [Hg.], August 1998, S. 23), was die „[...] längst vollzogene Anpassung an moderne Kommunikationsstrategien" (Weidenkaff: Propaganda und Kommunikation. In: jugend & Gesellschaft 1/2001, 2001, S. 18) der rechtsextremistischen Szene aufzeigt.

War das Internet „[...] bislang vor allem [...] als Agitationsmedium [...]" (Bundesamt für Verfassungsschutz [Hg.], Oktober 2000, S. 19) von Bedeutung, „[...] so wird es nun auch verstärkt als Kommunikationsmittel der gewalt-orientierten Szene eingesetzt" (ebd.) und gilt als „[...] für Rechtsextremisten [...] bedeutendes Medium zur Agitation [...]" (Bundesamt für Verfassungsschutz [Hg.], April 2000, S. 1). Von rund 200 bekannten rechtsextremistischen Homepages im Jahr 1998 (ebd., S. 7) hat sich in den Monaten darauf „[...] die **Anzahl der deutschen rechtsextremistischen Homepages auf rund 330** [...]" (ebd.) erhöht, in 2000 stieg die Zahl „[...] der von deutschen Rechtsextremisten betriebenen Homepages [...] auf etwa 800 an" (Bundesamt für Verfassungsschutz [Hg.], 2001, S. 108). Eine genaue Angabe hinsichtlich der Anzahl solcher Internetangebote kann aufgrund „[...] der hohen Fluktuation im Netz [...]" (Weidenkaff: Propaganda und Kommunikation. In: jugend & Gesellschaft 1/2001, 2001, S. 18) nicht gemacht werden.

Da die rechtsextremistische Szene für den Aufbau von „Homepages mit strafbaren Inhalten [...] ganz überwiegend [...] in den USA ansässige Provider [...]" (Bundesamt für Verfassungsschutz [Hg.], 2001, S. 109)[9] nutzt, geht sie damit „[...] den **Risiken deutscher Strafverfolgung aus dem Weg** [...]" (Bundesamt für Verfassungsschutz [Hg.], April 2000, S. 1), oder „Die [...] im Internet eingestellten Inhalte werden in der Regel taktisch so for-

---

9   Provider sind Dienstleister, die professionellen oder privaten Anbietern von Content den Zugang ins Internet ermöglichen (vgl. Brockhaus Multimedia, 1999)

muliert, dass die rechtsextremistische Zielsetzung zwar klar erkennbar bleibt, für eine strafrechtliche Verfolgung jedoch keine Angriffsfläche geboten wird" (ebd., S. 8).

Die Gewaltakzeptanz der rechtsextremistischen Szene wird auch im Internet deutlich, und so fand „Die bereits seit 1999 verstärkt geführte Diskussion über den Einsatz von Gewalt zur Durchsetzung politischer Ziele [...] auch im Internet ihren Widerhall" (Bundesamt für Verfassungsschutz [Hg.], 2001, S. 109). „Die zunehmende Gewaltbefürwortung im Internet [...]" (ebd.) wurde mittels der „[...] Verbreitung von „Todeslisten" mit den persönlichen Daten Andersdenkender, teilweise in Kombination mit Bombenbauanleitungen [...]" (ebd.) offen kommuniziert.

Als Schwerpunkt der Internetagitation der rechtsextremistischen Skinheadszene gilt „[...] das szeneverbindende Element der Musik" (Bundesamt für Verfassungsschutz [Hg.], April 2000, S. 25). Neben der Veröffentlichung entsprechender Texte von Skinhead-Bands sowie Informationen und Bildern zu relevanten Themen werden inzwischen in hohem Masse MP3-Sounddateien[10] der im vorangegangenen Abschnitt beschriebenen Skinhead-Musik inklusive der zugehörigen CD-Covers/-Booklets und Texte angeboten (vgl. ebd.). Mit dem MP3-Format steht „[...] der Szene ein Instrument zur Verfügung, mit dem sie in der Lage ist, mit relativ geringem Kostenaufwand einen hohen Verbreitungsgrad zu erreichen" (Legrum, Vom gesellschaftlichen Abseits ins Zentrum des technischen Fortschritts. In: Baacke/Farin/Lauffer [Hg.], 1999, S. 167).

Das Internet dient Rechtsextremisten nach Daten des Bundesamts für Verfassungsschutz neben seiner Vertriebsfunktion auch als Ersatzforum, auf dem der durch repressive Maßnahmen seitens des Staats verursachte Verlust eines Gemeinschafts-Gefühls kompensiert werden soll (vgl. Bundesamt für Verfassungsschutz [Hg.], 2001, S. 108), obwohl das Internet für die Szene „[...] keinen gleichwertigen Ersatz für Demonstrationen, Konzerte

---

10 MP3 ist die abgekürzte Standardbezeichnung für das Datenkompressionsverfahren MPEG1 Audio Layer 3, das Audiodateien auf ein Zehntel ihrer ursprünglichen Größe minimiert; Nutzer können die Dateien schnell und in der Regel gratis aus dem Internet auf ihre Festplatte laden und von dort direkt auf eine CD brennen (vgl. Brockhaus Multimedia, 1999).

und andere Veranstaltungen mit Erlebniswert darstellt [...]" (ebd.). In einem in der rechtsextremistischen Szene kursierenden Rundbrief heißt es, „[...] der Einzelne sei gefordert, den Aufruhr in die Köpfe zu tragen" (ebd., S. 110), da auf diese Weise „[...] in der Bevölkerung das Bewusstsein für die Notwendigkeit einer Systemalternative geschaffen werden" (ebd.) könne.

Unter Berücksichtigung der Tatsache, dass „[...] 1999 bereits 30% der Bevölkerung ab 16 Jahren Zugang zu einem Onlinedienst" (Bundesamt für Verfassungsschutz [Hg.], April 2000, S. 3) hatten, lässt sich zusammenfassend sagen, dass „Insbesondere jüngere Menschen, die über traditionelle Medien – wie Zeitschriften, Flugblätter, usw. – nicht oder nur bedingt erreichbar wären [...] über das Internet an rechtsextremistisches Gedankengut vielfältig und an den Eltern oder Lehrern vorbei herangeführt werden" (ebd., S. 5) können. Daher besteht die Gefahr, dass „Die Zahl der Menschen – insbesondere der an neuer Technologie besonders interessierten Jugendlichen -, die auf diese Weise in Kontakt mit rechtsextremistischer Propaganda kommen [...] mit der absehbaren Expansion des Internet erheblich wachsen" (ebd., S. 39) wird. Da „Die überdurchschnittlich vielen pseudofaschistischen Mitläufer der rechtspopulistischen Szene, deren gestörtes Selbstwertgefühl fast gänzlich ohne realpolitisches Hintergrundwissen auskommt [...] kaum zu den regelmäßigen Usern rechter Internetangebote gehören" (Weidenkaff: Propaganda und Kommunikation. In: jugend & Gesellschaft 1/2001, 2001, S. 19) dürften, bleiben, „Wenn es überhaupt eine Gefährdungsgruppe bezüglich rechter Internetpropaganda gibt [...]" (ebd.) die „[...] politisch noch wenig gefestigten Jugendlichen, die sich aus eigenem Antrieb heraus für politische Angebote im Internet interessieren" (ebd.), als primäre Zielnutzer rechtsextremistischer Online-Angebote.

Teil 2 Ursachen und Erscheinungsbilder rechtsextremistischer Denk- und Verhaltensmuster bei jungen Menschen in Deutschland

> „Ein weitverbreitetes Vorurteil will im Rechtsextremismus und rechtsextremer Gewalt ein jugendspezifisches Problem sehen, eine Sichtweise, die vor allem von den Medien, besonders vom Fernsehen, suggeriert wird. Gleichwohl wird man feststellen müssen, dass etwa im Vergleich zur rechtsextremen Welle in den 60er Jahren sich das Potential rechtsextremistischer Deutungs- und Handlungsmuster hinsichtlich seiner Träger nicht nur im organisierten, sondern mehr noch im unorganisierten Teil erheblich verjüngt hat (80 % unter 21 Jahren, 95 % männlich)" (Lenk, Jugendlicher Rechtsextremismus als gesamtdeutsches Problem. In: Faber/Funke/Schoenberner [Hg.], 1995, S. 86).

2.1 Der Sonderstatus der Lebensphase Jugend aus entwicklungspsychologischer und soziologischer Perspektive

Da nach Hafeneger „Gewalt und Rechtsextremismus [...] ihre psychosozialen Ursachen – mit ihren provokatorischen Wirkungen – in der mit altersspezifischen Themen- und Entwicklungsbewältigung, mit Übergängen, Trennungen und Grenzerfahrungen verbundenen Lebensphase Jugend" (Klose/Rademacher/Hafeneger/Jansen, 2000, S. 127) haben, und wenn man davon ausgeht, dass „Rechte Jugendkultur [...] eine generationsgebundene Erscheinungsform unter anderen, aber eine mit spektakulären Inhalten und Formen und mit einigem Erfolg" (Lauffer, Ein Gespenst mit neuem Leben. In: Baacke/Farin/Lauffer [Hg.], 1999, S. 4) darstellt, scheint das Risiko zum Abgleiten in rechtsextremistische Denk- und entsprechende Verhaltensmuster in der Lebensphase Jugend besonders hoch zu sein. Daher soll in diesem Kapitel sowohl der entwicklungspsychologische als auch der soziologische Erklärungsansatz bezüglich der spezifischen Symptome dieser Lebensphase dargestellt sowie die Bedeutungskonsequenz der besonderen

Entwicklungsaufgaben der Jugend als „[...] Übergang zwischen Kindheit und Erwachsenenalter" (Resch, 1996, S. 230) deutlich gemacht werden. Die Ausgangsbasis aller jugendbezogenen Überlegungen in diesem Kontext soll darin bestehen, dass „[...] sich die Jugendphase zwangsläufig selbst in einem grundlegenden Strukturwandel befindet, so daß [...] von einer Entstrukturierung und Destandardisierung [...]" (Heitmeyer, 1995, S. 74) gesprochen werden kann. Dies könnte zur Folge haben, dass „Lebensplanungen individuell, nicht mehr (traditionell) eindeutig und kohärent" (Klose/Rademacher/Hafeneger/Jansen, 2000, S. 125) ausgerichtet werden und sich jede einzelne Jugendbiographie in ihren Charakteristika individualisiert (vgl. ebd.). Außerdem soll von Hurrelmanns Annahme ausgegangen werden, welche besagt, dass die „[...] eigentliche Definition der Lebensphase Jugend [...] ohne fixierte altersspezifische Abgrenzungen arbeiten [...]" (Hurrelmann u.a., 1985, S. 18) muss.

Die Jugendphase wird „[...] erst seit Beginn dieses Jahrhunderts [...] als eigene Phase im menschlichen Lebenslauf identifiziert [...]" (ebd., S. 10). Als Entwicklungsstufe war Jugend allerdings immer von Bedeutung, wurde aber je nach historischem Status Quo verschieden bewertet. Hurrelmann erwähnt auf diese Aussage aufbauend eine mögliche Verbindung zwischen den jeweiligen ökonomischen, ökologischen, kulturellen und sozialen Vorgaben und den entsprechend unterschiedlichen Formen der körperlichen, geistigen, emotionalen und sozialen Entwicklung Jugendlicher (vgl. ebd.).

Für die Einordnung des Lebensabschnitts Jugend, der bei vielen Heranwachsenden mit Abschluss der Schullaufbahn unmittelbar beendet wird, bei anderen jedoch durch die gravierenden gesellschaftlichen Veränderungen in den letzten beiden Jahrzehnten zunächst erst einmal im Rahmen einer nachschulischen und bis ans Ende der zwanziger Jahre reichenden Ausbildung in die Länge gezogen wird (vgl. Tillmann, 1996, S. 192 ff), fallen traditionelle Wertungskriterien wie volle Berufstätigkeit und Heirat weg (vgl. ebd., S. 192), da diese durch die „[...] gesellschaftlichen Entwicklungen [...] immer unschärfer, tendenziell sogar unbrauchbar [...]" (ebd.) geworden sind. Im Gegensatz zu einer Jugendphase, die „[...] früher als feste Statuspassage mit deutlich benennbaren Übergängen beschrieben werden konnte [...]" (ebd., S. 193), wird diese Lebensphase in heutiger Zeit durch „[...] immer unterschiedlichere Lebenswege [...]" (ebd.) gekennzeichnet, was als sogenannte Pluralisierung des Jugendalters bezeichnet wird (vgl. ebd.).

Bei Jugend handelt es sich nach Ferchhoff nicht nur um einen wichtigen Teil der gesamten Gesellschaft, da sie „[...] eine biologisch mit-bestimmte, aber sozial und kulturell „überformte" Lebensphase, in der das Individuum die Voraussetzung für ein selbständiges Handeln in allen gesellschaftlichen Bereichen erwirbt [...]" (Ferchhoff, Zur Pluralisierung und Differenzierung von Lebenszusammenhängen bei Jugendlichen. In: Baacke/Heitmeyer [Hg.], 1985, S. 51) darstellt, sondern auch „[...] ein „Ghetto der Gleichaltrigen", das im Rahmen gesellschaftlicher Separation bzw. Isolation auf unbestimmte Dauer gestellt ist [...]" (ebd.), Jugend des weiteren „[...] ein „Pflegefall", dem besondere Schutzbedürftigkeit zugebilligt und der folglich zum Dauerobjekt permanenter sozialer und pädagogischer Maßnahmen erklärt wird [...]" (ebd.), ist, während diese Lebensphase aber auch „[...] eine mit spezifischen Problemen und Krisen ausgestattete Entwicklungsphase [...]" (ebd.) und „[...] eine Subkultur, eine gesellschaftliche Teilkultur, eine Gegenkultur [...]" (ebd.) darstellt.

Ferchhoff spricht über Jugend weiter als „[...] eine soziale Rand- und Problemgruppe [...]" (ebd.) und nennt dabei mit den Krisenherden „[...] (Jugendkriminalität, politischer Radikalismus und Extremismus, [...]" (ebd.) unter anderem zwei Sorgenkinder beim Namen, die neben „[...] Problemverhaltensweisen wie [...] Drogenkonsum und psychosoziale Störungen [...]" (Hurrelmann u.a., 1985, S. 30) sowie Problemen wie Prostitution (vgl. Zimbardo, 1995, S. 97) oder Suizid (vgl. Resch, 1996, S. 305) bei Jugendlichen am häufigsten anzutreffen sind, wenn es um diverse Formen abweichenden Verhaltens in dieser Entwicklungsphase geht.

In einem „[...] pluralistischen Angebot an Wert-, Glaubens- und Sinnesorientierungen [...]" (Tillmann, 1996, S. 197), steht der junge Mensch in dieser Lebensphase vor einer Flut an offenen Fragen, die es unter möglichst optimaler Anpassung an das bestehende System zu lösen gilt. Dass Jugend dabei nicht immer „[...] Garant der Zukunft [...]" (Ferchhoff, Zur Pluralisierung und Differenzierung von Lebenszusammenhängen bei Jugendlichen. In: Baacke/Heitmeyer [Hg.], 1985, S. 52), sondern durch ihren Teilcharakter als „[...] eine Ausbruchs-, Desintegrations- und Protestphase [...]" (ebd.)

auch negativ belastet sein kann, könnte eine Konsequenz aus dem schwierigen Rollenfindungsprozess sein, der in eben diesen Jugendjahren bei jedem einzelnen Individuum abläuft, zumal dieser durch die individualisierungsbedingt veränderten gesellschaftlichen Rahmenbedingungen zusätzlich erschwert sein könnte. So ist „Angesichts der Komplexität und des raschen sozialen Wandels, wie sie für westliche Gesellschaften typisch sind, [...] die Entwicklung einer erwachsenen Identität mitunter ein langsamer und schwieriger Prozeß [...]" (Zimbardo, 1995, S. 93). Auf den Begriff und die Bedeutung der Individualisierung für das Thema dieser Arbeit soll in 2.3 eingegangen werden

2.1.1 Die entwicklungspsychologische Perspektive

Im entwicklungspsycho(patho)logischen Kontext kommt der Lebensphase Jugend eine enorme Bedeutung zu. In dieser Perspektive „[...] wird der Beginn der Jugendphase in der Regel mit dem Eintreten der Geschlechtsreife, der sogenannten Pubertät, festgelegt" (Hurrelmann u.a., 1985, S. 11), durch welche es „[...] zu einem abrupten Ungleichgewicht in der psychophysischen Basisstruktur der Persönlichkeit" (ebd.) kommt. In dieser nach der Kindheit eintretenden Phase wird „[...] eine umfassende Neuprogrammierung von Verhaltensmustern notwendig, um einerseits auf die veränderten Körperfunktionen und andererseits, um auf die – hierdurch mitbeeinflußten – veränderten Umweltanforderungen reagieren zu können" (ebd.). Jugendliche stehen plötzlich „[...] einer sich rasch wandelnden „inneren Realität" [...]" (ebd.) gegenüber, gleichzeitig werden sie durch eine „[...] veränderte „äußere Realität" provoziert, und beide Bereiche stellen sie vor neue Anforderungen, die sich gegenseitig in komplexer Weise bedingen" (ebd.).

Eine ähnliche Beschreibung bietet Resch, der Jugend „[...] durch Pubertät und Adoleszenz gekennzeichnet [...]" (Resch, 1996, S. 231) sieht und sie als „[...] eine Phase tiefgreifender Wandlungen – von körperlichen Umstellungen bis zum Paradigmenwechsel im Weltbezug [...]" (ebd., S. 230) beschreibt. Daraus folgert er, dass diese Lebensphase „[...] eine individuelle Herausforderung an jeden Menschen [...]" (ebd.) darstellt und definiert dieses Phänomen als eine sogenannte normative Neuorientierung (vgl. ebd.). Dabei kommt es neben bedeutenden körperlichen Wandlungsprozessen wie dem „[...] Annehmen der körperlichen Reife und der ausgereiften Sexualität [...]" (Zimbardo, 1995, S. 93) auch zu entscheidenden Vorgängen im Sozialverhalten der Heranwachsenden, wozu nach Zimbardo die „[...] Neubestimmung sozialer Rollen einschließlich der Loslösung von den Eltern; und [...] Festlegung von Berufszielen" (ebd.) zählen. Diese zentralen Entwicklungsaufgaben schreibt Zimbardo „[...] üblicherweise [...] Jugendlichen in den westlichen Gesellschaften [...]" (ebd.) zu, wobei die „[...] gegenwärtigen Lebensbedingungen in Industriegesellschaften [...] nicht nur Individuationsmöglichkeiten [...]" (Hurrelmann u.a., 1985, S. 32) freisetzen, sondern [...] auch erheblichen Beeinträchtigungen der persönlichen Entwicklungen [...]" (ebd.) führen können. In diesen Gesellschaften kann sich dieser Prozess „[...] über ein Jahrzehnt erstrecken, von den Teenager-Jahren in die Mitt-Zwanziger, wenn die Erwachsenenrolle angenommen wird" (Zimbardo, 1995, S. 93).

Hurrelmann klassifiziert die an Jugendliche gestellten Entwicklungsaufgaben nach Coleman und Oerter bezüglich der Festlegung von Berufszielen weitergehend in die „Entwicklung einer intellektuellen und sozialen Kompetenz, um selbstverantwortlich schulischen und [...] beruflichen Qualifikationen nachzukommen, mit dem Ziel [...] die eigene ökonomische und materielle Basis für die selbständige Existenz als Erwachsener zu sichern" (Hurrelmann u.a., 1985, S. 12). Hinsichtlich der sexuellen Reifung spricht Hurrelmann von der „Entwicklung der eigenen Geschlechtsrolle und des sozialen Bindungsverhaltens zu Gleichaltrigen des eigenen und des anderen Geschlechts [...]" (ebd.).

Die für das Thema dieser Arbeit besonders bedeutende Entwicklungsaufgabe einer eigenständigen Normen- und Wertebildung definiert er als die „Entwicklung eines eigenen Wert- und Normensystems und eines ethischen und politischen Bewußtseins, das mit dem eigenen Verhalten und Handeln in Übereinstimmung steht, so daß langfristig ein verantwortliches Handeln in diesem Bereich möglich wird" (ebd.). Voraussetzung und Basis für die Bewältigung dieser Aufgaben stellt nach Hurrelmann der gelungene Ablösungsprozess des Heranwachsenden vom Elternhaus dar (ebd.). Damit sich „[...] der Jugendliche [...] den außerfamilialen Bezugspersonen und Institutionen und den von ihnen definierten Anforderungen und Aufgaben zuwenden kann" (ebd.), ist es unbedingt erforderlich, dass er sich „[...] von den zentralen Bezugspersonen Vater und Mutter innerlich ablöst und eine Autonomie seiner Persönlichkeitsorganisation aufbaut" (ebd.).

In diesem „[...] Prozeß der *sekundären* Sozialisation [...] im Jugendalter mit seinen über die primäre Sozialisation hinausreichenden Erfahrungen – werden *eigene* Deutungen entwickelt, weil *eigene* Lebenserwartungen und – entwürfe aufgebaut werden [...]" (Herrmann, Jugendzeit - Umbruchzeit. In: Edelstein/Sturzbecher [Hg.], 1996, S. 44). Da die Jugendphase durch ein „[...] Aufeinandertreffen psycho-physischer und psycho-sozialer Veränderungen gekennzeichnet" (Hurrelmann u.a., 1985, S. 11) ist, sind die „[...] Anforderungen an die „Synthetisierungsleistungen" des Individuums" (ebd.) sehr hoch, weil ein „[...] Spannungs- und Konfliktzustand [...], der sich aus der Ungleichheit zwischen biologischer Entwicklung und psychosozialer Entwicklung ergibt" (ebd.), gelöst werden muss.

Unter entwicklungspsychologischen Gesichtspunkten „[...] ist [...] die Jugendphase als eigenständige Lebensphase anzusehen, weil in ihr der Prozeß der Individuation und Identitätsbildung einsetzt [...]" (ebd., S. 13), wobei die „[...] Basisstruktur für spätere Umformungen und Weiterentwicklungen im Erwachsenenalter [...]" (ebd.) fixiert wird. Diese Suche nach der eigenen Identität gilt nach Hurrelmann als ein „[...] phasenspezifisches Charakteristikum des menschlichen Entwicklungsprozesses, das in der gegebenen Form typisch und charakteristisch für das Jugendalter ist und in der Regel in dieser Form auch nur im Jugendalter auftritt [...]" (ebd.). Aus diesen sozialwissenschaftlichen Erkenntnissen lässt sich die Folgerung ziehen, dass in der Entwicklungsphase Jugend für die weitere soziale Biographie entscheidende Ausgangspositionen disponiert werden, die sich während eines negativen Verlaufs dieses Lebensabschnitts durchaus in beispielsweise gewaltorientierten und rechtsextremen Denkmustern verfangen können.

2.1.2 Die soziologische Perspektive

In der soziologischen Perspektive des Terminus Jugend wird die bereits beschriebene Konzeption der Entwicklungsaufgaben „[...] um eine handlungstheoretische Komponente" (Hurrelmann u.a., 1985, S. 15) ergänzt. Nach dieser Sichtweise wird Jugend als „[...] einheitlicher und gesondert identifizierbarer Lebensabschnitt [...]" (ebd., S. 14) betrachtet, in dem „[...] der Prozeß der Integration in die wesentlichen gesellschaftlichen Mitgliedschaftsrollen abläuft und zum Abschluß kommt" (ebd.). In dieser Lebensphase gilt es folglich, die „[...] in der Kindheit erworbenen elementaren sozialen Fähigkeiten und Fertigkeiten soweit weiterzuentwickeln und auszubauen, daß die für die Übernahme des Erwachsenenstatus notwendigen komplexen Kompetenzen [...]" (ebd. ff.) im Sinne der genannten Entwicklungsaufgaben herausgebildet und angewandt werden können.

Der Prozess der Jugendphase, der „[...] demnach der Prozeß der Integration in die (Erwachsenen-) Gesellschaft" (ebd., S. 15) ist, hält solange an, „[...] bis in allen sozialen Handlungssektoren ein dem Erwachsenenstatus entsprechender Grad der Autonomie der Handlungskompetenz erreicht wird" (ebd.). Nach Hurrelmann lässt sich die Jugendphase deshalb auch als „unterprivilegierter" Lebensabschnitt einer „diskriminierten" Altersgruppe bezeichnen, was sich durch die besagte zum Bestehen in der Erwachsenenwelt zwingend notwendige Kompetenzentwicklung begründen lässt (vgl. ebd.). So kommt es im Jugendalter zum „[...] schrittweisen Erwerb von Rechten in verschiedenen Verhaltensbereichen und [...] damit verbundenen Erwartungen, Anforderungen und Pflichten [...]" (ebd.). Ein „[...] Nebeneinander von unselbständig-kindheitsgemäßen und selbständig-erwachsenengemäßen Handlungsanforderungen [...]" (ebd.) ist ein Charakteristikum der Jugendzeit, die folglich auch als „[...] nicht allein durch innerorganische Prozesse definiert [...]" (ebd., S. 16) und „[...] als ein „gesellschaftlich produziertes" Phänomen [...], dessen Konturen durch soziale Vorgaben bestimmt werden" (ebd.), beschrieben wird.

Diese sozialen Vorgaben scheinen sich in den letzten Jahren stark verändert zu haben, was erklären könnte, dass sich „[...] mit den kulturellen Veränderungen der „zweiten Moderne" verschiedene Jugendkulturen herausgebildet [...]" (Klose/Rademacher/Hafeneger/Jansen, 2000, S. 125) haben, die ihre jugendlichen Mitglieder vor ebenso neue Aufgaben stellen (vgl. ebd.). So sehen sich Jugendliche dadurch neuen Anforderungen „[...] an seelische Integration, innere Einheit und Identitätsbildung [...]" (ebd.) gegenüber gestellt. Hafeneger erklärt die rechtsextremistische Problematik als „[...] vor dem Hintergrund der komplexen Wandlungsprozesse (Verwerfungen) und kulturellen Rahmenbedingungen der deutschen Einigung zu sehen [...]" (ebd.) und spricht weiter von „[...] tiefgreifenden gesellschaftlichen Entwicklungen und Strukturveränderungen (Modernisierungsfolgen), mit den tiefen Rissen, die durch das soziale und kulturelle Gewebe der Gesellschaft gehen [...]" (ebd.). Diese gesellschaftlich vorgegebenen Bedingungen könnten Adoleszenten in der schwierigen Lebensphase Jugend überfordern, so dass es zu Störungen einer reibungslos verlaufenden Identitätsbildung kommen könnte. Demnach sind bezüglich der Entwicklung einer rechtsextremistischen Gesinnung Jugendlicher „[...] problematische Formen der Identitätsbildung (die als Gefährdungen in Sackgassen münden) [...] als Antwort von Jugendlichen auf gesellschaftliche Zu- und Umstände zu verstehen" (ebd.). Nach Hafeneger sind „[...] männliche jugendliche Gewalt und jugendlicher Rechtsextremismus in den Prozessen der Subjektkonstitution und des Erwachsenwerdens, mit seinen krisenhaften Adoleszenzverläufen [...], in den vielschichtigen Wandlungsprozessen von säkularisierten Gesellschaften als schwere Identitätskrise (Orientierungsprobleme, Anerkennungs-, Wertschätzungs- und Selbstachtungsformen, Anomieerfahrungen) [...]" (ebd., S. 127) zu bewerten.

Auch unter soziologischer Betrachtungsweise lässt sich also die Behauptung aufstellen, dass der beschriebene Spannungszustand zwischen Kindheit und Erwachsenenalter ein hohes Konfliktpotential birgt, dessen gelungenes Lösen als Nenner der beiden in diesem Abschnitt beschriebenen Perspektiven die besondere Schwierigkeit der Lebensphase Jugend darstellt. Nach Tillmann wird mit „[...] dem Thema Jugend eine komplexe Sozialisationsproblematik angesprochen [...]" (Tillmann, 1996, S. 197), die als „[...] eine konflikthafte, schwierig zu bewältigende und auch von Mißlingen bedrohte Lebenssituation beschrieben [...]" (ebd.) wird, „[...] deren psychische Probleme als Adoleszenzkrise bezeichnet und analysiert werden [...]" (ebd.). Daraus könnte man auf einen Sonderstatus der Jugend für die gelungene Entwicklung und gesellschaftliche Integration jedes Individuums schließen.

2.2 Die Bedeutung von Peergroups und subkulturellen Milieus für die Identitätsbildung und Entwicklung abweichenden Verhaltens bei Jugendlichen

In der Jugend als einer Phase, in der sich „Die Familienbande lockern [...], da mehr Zeit außerhalb des Elternhauses verbracht wird" (Zimbardo, 1995, S. 95), entsteht bei heranwachsenden Menschen in der Regel „[...] ein starkes Bedürfnis nach Unterstützung und Anerkennung durch *Gleichaltrige* [...]" (ebd.). In Gruppen entwickeln „Jugendliche [...] ihre Individualität im sozialen Kontext, indem sie in einem Prozeß der Kommunikation mit anderen – Gleichaltrigen und Andersaltrigen – Interpretationsentwürfe des sozialen Kontextes und der eigenen Person darin austauschen und Bedeutungszusammenhänge definieren" (Hurrelmann u.a., 1985, S. 26). Die Gleichaltrigengruppen werden in diesem Zusammenhang als sogenannte Peers bezeichnet (vgl. Zimbardo, 1995, S. 95).

Es gilt als gesichert, dass „[...] die quantitative Bedeutung der Gleichaltrigengruppen unter Jugendlichen beständig gewachsen ist" (Schröder/Leonhardt, 1998, S. 23), und dass „Jugendliche [...] immer größere Lebensabschnitte unter Gleichaltrigen [...]" (ebd., S. 22) verbringen. Mit Beginn der Pubertät entwickeln Jugendliche nach Schröder/Leonhardt die „[...] besondere Neigung [...] die Nähe zu Gleichaltrigen zu suchen" (ebd., S. 23). Innerhalb der jeweiligen Peers ziehen Jugendliche „[...] einen beträchtlichen Teil ihres Interesses, ihrer Bewunderung und ihrer Zuneigung von den Eltern ab, um ihn auf die Gleichaltrigen zu übertragen [...]" (ebd.). Durch die gemeinsame Zugehörigkeit zur Gruppe fühlen sich die Heranwachsenden von denen, „[...] die ähnliche Energien und zugleich Nöte in sich spüren, besser verstanden als von allen anderen" (ebd.). In der Peergroup besitzen die Adoleszenten „eine gemeinsame emotionale Basis, die ihnen erlaubt, sich selbst in neuen Rollen zu erproben und mit gesellschaftlichen Herausforderungen zu experimentieren" (ebd.), wobei sich die soziale Identität der jungen Menschen durch die Interaktion in der Gruppe entscheidend ausprägt (vgl. ebd., S. 24).

Des weiteren lässt sich festhalten, dass „Die Peergroups [...] einen großen Einfluß auf die Herausbildung von moralischen und normativen Maßstäben der beteiligten Jugendlichen" (ebd.) ausüben. Daraus lässt sich folgern, dass ein eventuelles abweichendes Verhalten in der Jugendzeit speziell aus dem Kontext einer (bspw. rechtsextremistisch orientierten) Gruppe heraus durchaus mit dem Konfliktpotential dieser Lebensphase und dem gemeinsamen Wertebild innerhalb einer Peergroup begründet werden kann (vgl. Zimbardo, 1995, S. 97). Dies könnte insbesondere hinsichtlich des Auftretens und der internen Prozesse einer Gruppe unter subkulturellen Maßstäben von besonderem Interesse für eine Ursachenerklärung rechtsextremistischer Denk- und Verhaltensmuster sein. Des weiteren könnte man aus diesen Erkenntnissen folgern, dass der Erfolg, den „Rechte Subkulturen [...]" (Roth/Ruckt, Jugendliche heute: Hoffnungsträger im Zukunftsloch? In: Roth/Ruckt [Hg.], 2000, S. 28) bei Jugendlichen verbuchen, dadurch erklärt werden könnte, dass diese den Heranwachsenden, die sich in der besagten Konfliktphase befinden, „[...] ein Aufwertungsangebot machen" (ebd.), das im subkulturellen Gruppenkontext besonders identitätsstiftend auf Jugendliche wirken könnte. Dies baut auf die im vorangegangenen Kapitel beschriebenen krisenhaften Adoleszenzverläufe auf, deren Bedingungen zu „[...] problematischen peer-group-Vergemeinschaftungen bzw. hoher Cliquenorientierung führen [...]" können (Klose/Rademacher/ Hafeneger/Jansen, 2000, S. 127).

Bei den immer wieder in Erscheinung tretenden Gruppen der „[...] ‚rechten', ‚gewaltbereiten Jugendszenen' [...]" (ebd., S. 124) handelt es sich um ein inzwischen aus der weitgefächerten Landschaft der Jugendszenen nicht mehr wegzudenkendes Phänomen, dessen Existenz auf verschiedenste politische, soziale und im Osten Deutschlands wohl vor allem ökonomisch-gesellschaftliche Ursachen zurückgeführt werden könnte. Demnach sind der gegenwärtig scheinbar omnipräsente Rechtsradikalismus und –extremismus bei jungen Menschen wie jedes andere Jugendphänomen vom in der Regel unpolitischen Raver, Metaller, Hip-Hop-Fan und Skater bis zum politisch positionsbezogenen Punk oder Links-Autonomen „[...] als soziokulturelle Phänomene [...] ohne die ökonomische, politische und zeitgeistige Struktur der Gesellschaft, die peers, den Status „der Jugend", die jugend-spezifischen Institutionen [...]" (Ferchhoff, Zur Pluralisierung und Differenzierung von Lebenszusammenhängen bei Jugendlichen. In: Baacke/Heitmeyer [Hg.], 1985, S. 53) nicht zu erklären.

Das Prinzip der Peergroup tritt auch in der Jugendsubkultur der rechtsextremistischen Skinheads zutage, schliesslich existiert eine Jugendkultur „[...]

real in den peer groups der Heranwachsenden in den westlichen Industrienationen und ist dort weit verbreitet [...]" (Griese: Jugend(sub)kulturen – Facetten, Probleme und Diskurse. In: Roth/Rucht [Hg.], 2000, S. 41), was zur Folge hat, dass gemäss des bereits erläuterten Wertebildungsprozesses in Peergroups „[...] Jugendliche ihr Leben nicht von einem Erwachsenenstandpunkt betrachten, sondern aus der Perspektive der Normen, Werte und Orientierungsmuster ihrer peer group [...]" (ebd.). Diese Haltung gegenüber dem Begriff der Subkultur sowie die daraus resultierende Folgerung bezüglich des Verhaltens Jugendlicher stammt aus der Jugendforschung der sechziger Jahre (vgl. ebd.), könnte aber hinsichtlich ihrer psychosozialen Komponente durchaus im Zusammenhang mit rechtsextremistischer Jugendsubkultur herangezogen werden, wenn auch seit den 80er Jahren eine Neubewertung des soziologischen Begriffverständnisses der Jugendsubkultur stattfand (vgl. ebd., S. 44 ff.).

Der drastische sozialstrukturelle Wandel, der sich in Deutschland seit der Wiedervereinigung vollzogen hat, „[...] wie er etwa durch erhebliche demographische Verschiebungen, durch grundlegende „technologische" Wandlungen, durch Markterweiterungen und neue gesellschaftliche und transnationale Interaktionsmuster bewirkt wird [...]" (Ferchhoff, 1990, S. 21), könnte dafür gesorgt haben, dass eine Subkultur wie die rechtsextremistische Skinheadszene und ihr Einfluss auf Jugendliche in einer solchen Form wie der gegenwärtig vorhandenen aufblühen konnten. „Grundsätzlich gibt es [...] keine Kultur ohne Gegenkultur" (Bühl 1986 nach ebd.), weshalb man „[...] heutzutage von einer „einheitlich dominanten Kultur" kaum noch auszugehen" (ebd.) scheint. Die Trennlinien zwischen dominanter und Teilkultur verschwimmen zusehends, und so sind „"Dominante Kultur", „Teilkultur", „Gegenkultur" und „Subkultur" [...] oftmals nur schwer auseinanderzuhalten; sie überkreuzen und mischen sich vielfach" (ebd.). An dieser Stelle soll noch einmal auf „[...] die Ausbildung einer rechtsradikal orientierten Jugendkultur, die in einigen Gebieten der neuen Bundesländer sogar die dominante Jugendkultur darstellt" (Roth/Rucht, Jugendliche heute: Hoffnungsträger im Zukunftsloch? In: Roth/Rucht [Hg.], 2000, S. 16), hingewiesen werden. Die aus den veränderten gesellschaftlichen Rahmenbedingungen resultierenden Probleme können nach Ferchhoff von der dominanten Kultur nicht mehr verarbeitet werden, worauf sich „[...] eine Vielzahl von Gegenkulturen [...]" (Ferchhoff, 1990, S. 21) formiert, „[...] in denen gewissermaßen experimentell – und deshalb immer zu den

Extremen von Rückzug und Aggression [...] neigend [...]" (ebd.) gelebt wird, und dabei „[...] alternative Ordnungsmuster durchprobiert werden" (ebd.). Hafeneger spricht in diesem Kontext von „schädlicher Regression" (vgl. Klose/Rademacher/Hafeneger/Jansen, 2000, S. 127).

In der Jugendbewegung der Skinheads und Rechtsradikalen, die im Klassifizierungsversuch von Jugendsubkulturen nach Becker als dominant maskulin geprägt gilt (vgl. Ferchhoff, 1990, S. 18), kann dieses Ordnungsmuster wörtlich verstanden werden. Das Leben in der Subkultur und deren Gruppen folgt „[...] eigenen Regeln und Normen [...], die mitunter eine rigorosere und unerbittlichere Disziplin von ihren Mitgliedern verlangen als die Gesetze der dominanten Kultur"" (Sack 1971 zit. nach Ferchhoff, 1990, S. 20), woraus sich abweichendes Verhalten im Sinne der Norm als Konsequenz schließen lässt. Dieser subkulturelle Ansatz ist auf die sogenannte Chicago-School zurückzuführen, die besagt, „[...] daß das Leben in jugendlichen Gangs gegen die etablierte und dominante Hegemonialkultur gerichtet ist [...]" (ebd.) und sich folglich an eigenen Maßstäben orientiert. Abweichendes Verhalten wäre nach dieser Annahme eine Handlungskonsequenz eigener Norm- und Wertemuster. Die Wertung der Sub – als einer Teil- der Dominanzkultur stellt nach Ferchhoff eine erweiterte Perspektive dieser Theorie dar (vgl. Ferchhoff, 1990, S. 21). Die besagten Norm- und Wertmuster „[...] fußen freilich vornehmlich auf sozialstrukturellen Bedingungen, die gesamtgesellschaftlich gesehen, immer auch ungleich verteilt sind" (ebd.). Die Entwicklung einer zur Dominanzkultur differenten Norm entsteht nach Ferchhoffs Ansatz als „[...] Anpassungsprozesse an unterschiedliche soziale Bedingungen" (Lamnek 1979 zit. nach Ferchhoff, 1990, S. 22).

Die Studie einer Trierer Forschungsgruppe zur Sozialstruktur rechtsextremistischer Straftäter, die auf Stichproben von Polizeiakten aus den Jahren 1991 und 1992 basierte (vgl. Pfahl-Traughber 2000, S. 69), ergab unter anderem, dass sich „Für die Mehrzahl der Tatverdächtigen [...] Affinitäten und Zugehörigkeiten zu Skinhead- und anderen Gruppen mit fremdenfeindlichen Einstellungen [...] nachweisen" (ebd., S. 70) ließen. Zu diesen Gruppen gehörten nach Ergebnissen der gleichen Studie „[...] auch ganz alltägliche Freizeitgruppen [...]" (ebd.) Die gewalttätigen Straftaten gegen Ausländer wurden der Trierer Studie zufolge „Fast ausschließlich [...] als Gruppentat begangen, was die Auffassung von den „irregeleiteten Einzeltätern" widerlegt" (ebd.). Da bei den „[...] entsprechenden Aktivitäten indessen nicht von einer Steuerung von außen gesprochen werden [...]" (ebd.) konnte, lässt sich die Schlussfolgerung ziehen, dass aufgrund eines gemeinsamen Wertesystems der Ideologie der Ungleichheit innerhalb der entsprechenden rechtsextremistischen Gruppen eine gemeinsame Handlungsbereitschaft in die (Straf-)Tat umgesetzt worden sein könnte.

Pfahl-Traughber beschreibt die Gruppenaffinität sowie das daraus resultierende Gruppenverhalten von Skinheads als Konsequenz deren niederen sozialen Rangs. Skinheads, die „Soziologisch gesehen [...] meist den unteren sozialen Schichten mit formal geringer Bildung [...]" (Pfahl-Traughber, 2000, S. 68) entstammen und „[...] in Schule und Beruf keine Erfolge vorweisen konnten" (ebd.), suchen den „[...] Zusammenschluß in Gruppen [...] dazu, über hier möglich werdende Bindungen diese Defizite auszugleichen und ein Selbstwert- und Stärkegefühl [...]" (ebd.) vermittelt zu bekommen. Durch „[...] den gemeinsamen exzessiven Alkoholkonsum und Männlichkeitskult" (ebd.) wird dieses Ziel in der Gruppe realisiert (vgl. ebd.).

Lenk spricht in diesem Kontext davon, dass „Eine chronische Unsicherheit des Selbstwertgefühls [...] das gemeinsame Kennzeichen vieler Jugendlicher [...]" (Lenk: Jugendlicher Rechtsextremismus als gesamtdeutsches Problem In: Faber/Funker/Schoenberner [Hg.], 1995, S. 91) sei. Der dadurch drohende „Wutstau" (vgl. ebd.) könne demnach in Gruppen „[...] bei sich bietender Gelegenheit [...]" gelöst werden, außerdem bieten die „Cliquen und Jugendbanden [...] so die gesuchte Entlastung, da sie eine Ersatzorientierung ermöglichen [...]" (ebd.). Das Angebot rechtextremistischer Jugendgruppen beschreibt Lenk als „[...] eine ideelle Ersatzwelt als Kompensation enttäuschter Materialismen [...]" (ebd.). Die Gruppen der rechten Jugendlichen scheinen „[...] Inseln der Orientierung und Stabilität inmitten allgemeiner Ratlosigkeit" (ebd.) zu sein und ziehen „[...] die vielfach Verunsicherten [...]" (ebd.) u.a. aufgrund ihrer „[...] weithin ungestillten jugendlichen Orientierungs- und Sicherheitsbedürfnisse [...]" (ebd.) und ihrer „[...] Sehnsucht nach Geborgenheit, Bedeutung und Größe [...]" (ebd.) an.

Nach Heitmeyer sind „Gruppenzusammenhänge [...] wichtig als Gelegenheitsstrukturen für Gewalthandeln" (Heitmeyer, 1995, S. 23). Er sieht „[...] lockere Geselungsformen, Cliquen bis hin zu festen und geschlossenen

Gruppenzusammenhängen [...]" (ebd.) als „[...] entscheidende Voraussetzung" (ebd.) für die Anwendung von Gewalt (vgl. ebd., S. 22), was nach seiner Annahme „[...] ebenso für die gegenwärtig zu beobachtenden fremdenfeindlich motivierten Gewalttaten [...]" (ebd., S. 23) gilt. Willems bezeichnet „[...] Gewaltaffine jugendliche Subkulturen und Freizeitcliquen" (Willems, 1993, S. 174) als „Träger fremdenfeindlicher Gewalt [...]" (ebd.). Da die Subkultur der Skinheads durchaus als gewaltaffin bezeichnet werden könnte, könnte sie demnach ein Träger dieser Gewalt sein, bzw. könnte eine Zugehörigkeit zu dieser Subkultur zu abweichendem Verhalten in Form ausgeübter Gewalt führen.

Die bereits erwähnte Suche nach Geborgenheit in der Gruppe kann dabei auch zu abweichendem Verhalten führen, da „Kollektive Aktionen wie z.B. die Angriffe auf Asylbewerberheime [...] als Prüfstein für die Solidarität innerhalb der Gruppe gesehen [...]" (ebd., S. 176) werden können. Außerdem dient die Gruppe „[...] als ‚Kompensationsagentur' für die unterschiedlichsten Bedürfnisse und Wünsche, die in anderen Bereichen, etwa in der Familie, nicht abgedeckt werden" (ebd., S. 177). Hierbei scheint die Skinheadszene eine besonders bedeutende Rolle zu spielen, nach Willems besitzt sie „[...] eine ‚sozial-integrierende' und identitätsbildende Funktion, durchaus vergleichbar mit anderen Freizeitcliquen [...]" (ebd.). Des weiteren bietet die Gruppe „[...] Akzeptanz und Geborgenheit, Loyalität und Sicherheit" (ebd.), also all die Dinge, die sich Heranwachsende in einer potentiell krisenhaften Lebensphase herbeisehnen. Willems betont darüber hinaus die *„Abgrenzungsfunktion* [...]" (ebd., S. 178) der Gruppe. Die Versuche der Abgrenzung nach außen dienen demnach der Identitätsbildung und Innenstabilisierung der einzelnen Gruppenmitglieder sowie der Gruppe selbst (vgl. ebd.). Dabei spielt eine Übereinstimmung der politischen Orientierung eine bedeutende Rolle (vgl. ebd.).

Heitmeyer spricht im Zusammenhang von Gruppenzugehörigkeit junger rechtsextremistisch orientierter Menschen von sogenannten Orientierungs-Milieus, welche die Restbestände sozialer Milieus darstellen (vgl. Heitmeyer, 1995, S. 191) und „[...] die einzelnen Orientierungsmuster von Jugendlichen verbinden, ohne sie jedoch zu einer selbstverständlichen und dauerhaften Milieu-„Figur" gestalten zu können" (ebd.). Da dies nicht nur eine Öffnung „[...] gegenüber neuen sozialen und politischen Entwicklungen [...]" (ebd.) mit sich bringt, besteht „[...] andererseits – gewissermaßen auf der Schattenseite der Individualisierung [...] ständig das Problem der Orientierungsdilemmata" (ebd.). Heitmeyer unterscheidet mit dem traditionsgebundenen nationalistischen, dem anomischen, dem neoromantischen und dem neokonservativen zwischen vier Orientierungsmilieus (vgl. ebd., S. 193 ff.), welche „[...] unter bestimmten Bedingungen auch Hinwendungsprozesse zu entweder politisch-regressiven subkulturellen Gruppierungen oder zu politisch-organisatorisch verfestigten rechtsextremistischen Gruppierungen beinhalten können" (ebd., S. 191). Allen vier Orientierungsmilieus kann ein rechtsextremistischer Charakter zugeordnet werden (vgl. ebd., S. 193 ff.).

2.3 Individualisierung als mögliche Ursache rechtsextremistischer Orientierungen

Ulrich Beck prägte in seinem 1986 erschienen Werk über die Risikogesellschaft im Rahmen einer Entwicklung von einer Industrie- zu einer Risikogesellschaft der bundesdeutschen Gesellschaft in der zweiten Hälfte des 20. Jahrhunderts unter anderem den Begriff der Individualisierung (vgl. Tillmann 1996, S. 256 ff.). Dabei bezeichnet dieser Terminus weniger einen starren Zustand der Gesellschaft oder die im Laufe der Zeit veränderten Wahrnehmungen in der Bevölkerung (vgl. Beck, 1986, S. 205), sondern erklärt vielmehr die Konsequenz aus einer Art von „social flow", die „[...] als Anfang eines *neuen Modus der Vergesellschaftung* gedacht [...] als eine Art „Gestaltwandel" oder „kategorialer Wandel" im Verhältnis von Individuum und Gesellschaft" (ebd.) betrachtet werden muss.

Becks Ausgangsbasis ist die Existenz eines „[...] tiefgehenden gesellschaftlichen Umbruchs [...]" (Tillmann, 1996, S. 256), der eine Veränderung vom Alten, der traditionellen Industriegesellschaft zum Neuen, der sogenannten Risikogesellschaft mit sich brachte (vgl. ebd.). Dies geschah zugunsten bspw. materiellen Wohlstands in allen, also auch den unteren sozialen Schichten, erweiterten Bildungsmöglichkeiten, verkürzter Erwerbsarbeitszeiten und steigender Mobilität, aber zuungunsten einer sozialen Sicherheit, die auf traditionellen Lebensplanungen wie z.B. einen auf Lebenszeit abgesicherten Arbeitsplatz beruhte (vgl. ebd. ff.). In diesem Kontext kam es zur schleichenden Auflösung althergebrachter sozialer Milieus, traditionelle biografische Abfolgen gerieten im Zugzwang dieser gesellschaftlichen

Entwicklung aus dem Gleichgewicht, und neue Lebenswege wurden entwickelt oder mussten entworfen werden (vgl. ebd.). All diese neuen Möglichkeiten brachten natürlich auch Risiken mit sich, und so „[...] bezieht sich der Risikobegriff einerseits auf die atomare und ökologische Globalgefährdung, bei der es keine Klassenunterschiede gibt" (ebd., S. 259), aber auch „[...] auf die individuellen Risiken und Verunsicherungen, die sich aus der Dynamik des sozialen Wandels ergeben [...]" (ebd.).

Beck spricht im Rahmen der Individualisierung von Lebenslagen und Biografiemustern von „[...] einer dreifachen „Individualisierung": *Herauslösung* aus historisch vorgegebenen Sozialformen und -bindungen im Sinne traditionaler Herrschafts- und Versorgungszusammenhänge („Freisetzungsdimension"), *Verlust von traditionalen Sicherheiten* im Hinblick auf Handlungswissen, Glauben und leitende Normen („Entzauberungsdimension") und – womit die Bedeutung des Begriffs gleichsam in ihr Gegenteil verkehrt wird – eine *neue Art der sozialen Einbindung* („Kontroll- bzw. Reintegrationsdimension")" (Beck, 1986, S. 206). Im Rahmen dieser Individualisierung wird das einzelne Mitglied der Gesellschaft „[...] zunehmend stärker gezwungen, seinen Lebensweg immer wieder neu durch eigene Entscheidungen zu gestalten" (Tillmann, 1996, S. 261), wobei „Individualisierung [...] Marktabhängigkeit in allen Dimensionen der Lebensführung" (Beck, 1986, S. 212) bedeutet. Weiter steht sie in diesem Zusammenhang für eine Herauslösung menschlicher Biografien aus fest vorgegebenen Strukturen (vgl. ebd., S. 216), welche „[...] offen, entscheidungsabhängig und als Aufgabe in das Handeln jedes einzelnen gelegt [...]" (ebd.) werden. Folglich „[...] muß der einzelne entsprechend bei Strafe seiner permanenten Benachteiligung lernen, sich selbst als Handlungszentrum, als Planungsbüro in bezug auf seinen eigenen Lebenslauf, seine Fähigkeiten, Orientierungen, Partnerschaften usw. zu begreifen" (ebd., S. 217).

In diesem Kontext soll nochmals betont werden, dass sich „[...] die klare Strukturierung der Lebensphase „Jugend" [...]" (Tillmann, 1996, S. 261) aufgelöst hat. Dieser Sachverhalt sowie möglicherweise individualisierungsbedingt aus diesem heraus entstehende Konflikte durch eine problematische Identitätsfindung für Jugendliche wurden bereits in 2.1 beschrieben. Heitmeyer zog bezüglich dieser krisenanfälligen Phase menschlicher Identitätsfindung eine Verbindung zu Becks Individualisierungs-Theorem und entwickelte anhand dieser Kombination einen Erklärungsansatz zur

Problematik rechtsextremistischer und gewaltbereiter Jugendlicher (vgl. ebd., S. 269). Von einem sozialisationstheoretischen Hintergrund ausgehend (vgl. ebd., S. 270), der „[...] seinen gesellschaftstheoretischen Anknüpfungspunkt im soziologischen Theorem der Individualisierungs-Schübe [...]" (Heitmeyer, 1995, S. 63) besitzt, verbindet Heitmeyer den möglichen Zusammenhang von Individualisierungsprozessen und Gewalt in der Gesellschaft mit drei Begriffen: Integration, Desintegration und Re-Integration (vgl. Heitmeyer: Entsicherungen Desintegrationsprozesse und Gewalt In: Beck/Beck-Gernsheim [Hg.], 1994, S. 377).

„[...] *Integration* im Sinne *traditionaler* Vergemeinschaftungen (z.b. herkömmliche Familien- und Generationsbeziehungen, selbstverständliche Zugehörigkeit zu einer Religionsgemeinschaft usw.) [...]" (ebd. ff.) ist für Heitmeyer „[...] keineswegs uneingeschränkt positiv zu verstehen" (ebd.), da sie „[...] immer auch auf festen Machthierarchien, Rollenfestlegungen, Konformitätszwängen [...]" (ebd., S. 378) aufgebaut war, „[...] die nicht über normative Selbstverständlichkeit durchgesetzt, sondern auch mit Gewalt abgesichert wurden" (ebd.). Für „soziale, berufliche und politische *Desintegrationsprozesse*" (ebd.), die in diesem Zusammenhang erwähnt werden, gilt nach Heitmeyer, „[...] daß Desintegration einen zentralen Aspekt zur Klärung von Gewalt darstellt [...]" (ebd.). Dabei benennt er mit der „[...] Auflösung von Beziehungen zu anderen Personen oder Institutionen [...]" (ebd.), der „[...] Auflösung der faktischen Teilnahme an gesellschaftlichen Institutionen [...]" (ebd.) sowie der „[...] Auflösung der Verständigung über gemeinsame Norm- und Wertvorstellungen" (ebd.) drei Dimensionen von Desintegration.

Gewalt kann nach Heitmeyers Annahme dann entstehen, wenn „[...] Desintegration als *Verlust* von Zugehörigkeit, Teilnahmechancen oder Übereinstimmung erfahren wird" (ebd.), wenn neue bisher unerprobte Formen der Sozialintegration entstehen oder die gewohnten und im Individualisierungskontext nicht mehr zufriedenstellenden Formen dieser Integration (vgl. ebd., S. 379) „[...] durch keine adäquaten neuen Formen abgelöst werden" (ebd.), was demnach zu „[...] *Ausgrenzung* und *Vereinzelung*" (ebd.) führt. Heitmeyer nennt dies „[...] Formen „negativer" Individualisierung" (ebd.). Entscheidend für die Entstehung von Gewalt sind nach diesem Erklärungsansatz also „[...] Enttraditionalisierung und Anomie" (ebd., S. 380). Bezüglich des Begriffs der Reintegration bzw. entsprechender – angebote sollen im dritten Teil dieser Arbeit eingehende Beschreibungen gebote sollen im dritten Teil dieser Arbeit eingehende Beschreibungen aufgeführt werden.

Nach Heitmeyers auf Becks Modell der Gesellschaftsform, „[...] in der zwar die sozialen Ungleichheitsrelationen konstant geblieben sind, aber kollektives Bewußtsein, also Klassenbewußtsein weitgehend aufgelöst ist [...]" (ebd., S. 381), anknüpfender Sichtweise werden im Zuge der Individualisierung „[...] Männlichkeitsnormen „freigesetzt" [...]" (ebd.). Diese unterliegen der Gefahr, „[...] politisch „aufladbar" zu sein mit ganz anderen Zielsetzungen und Inhalten" (ebd.). Heitmeyer führt als Beispiel einer solchen Transformation die Szene der ursprünglich klasseorientierten Skinheads in England an, die nach ihrer sozialen Ausgrenzung im Rahmen der Auflösung des Klassenbewußtseins schutzlos dem Eindringen eines ideologischen Rassismus ausgesetzt war (vgl. ebd.), „[...] der in wesentlichen Teilen der Skinheadszene anzutreffen ist" (ebd.).

Die durch die Individualisierung produzierten „[...] gesellschaftlichen Widersprüche [...]" (Tillmann, 1996, S. 271) müssen nach Heitmeyer „[...] von den Heranwachsenden in der Adoleszenzphase [...]" (ebd.) bearbeitet werden, wobei „[...] unterschiedliche Identitätsformen ausgebildet werden" (ebd.). Im Angesicht einer individualisierten Gesellschaft und deren beinahe unüberschaubaren Pluralität an Möglichkeiten, aber auch Widersprüchen und bereits erwähnten Risiken (vgl. ebd.), ergeben sich „[...] zunehmend schwierigere Subjektprobleme [...]" (ebd.) für Jugendliche, „[...] angesichts der zunehmenden gesellschaftlichen „Überkomplexität" [...] eine eigenständige (und potentiell gesellschaftskritische) Ich-Identität zu entwerfen [...]" (ebd., S. 270 ff.). Da das einzelne Individuum die Bedingungen einer auf diese Weise geprägten Gesellschaft verarbeiten muss (vgl. Heitmeyer, 1995, S. 93), „[...] obwohl sie sich der individuellen Bearbeitung an vielen Stellen entziehen" (ebd.), können daraus „[...] Tendenzen zu regressiven Bewältigungsversuchen [...] entstehen, die sich darin ausdrücken, daß identitätskonstituierende Teile gewissermaßen preisgegeben werden [...]" (ebd.). Dies wiederum führt nach Heitmeyer im Falle der Preisgabe sozialer Identität „[...] zur Isolation (z.B. „ich will nur noch ich sein")" (ebd.) oder im Falle der Preisgabe personaler Identität „[...] zu surrogathaften kollektiven Identitäten (z.B. „Die Gruppe wird das schon regeln"/"Ich bin nichts, das Volk ist alles")" (ebd.).

Diese beiden „[...] Extremformationen [...]" (ebd.) münden nach Heitmeyer in „[...] Identitätskrisen, weil die Ganzheit der Identitätsformation zerrissen ist" (ebd.). Bezüglich der politischen Sozialisation ergeben sich demnach aus dieser Situation heraus zwei Möglichkeiten für das Individuum: auf personaler Ebene findet ein Rückzug statt, wobei gesellschaftsbezogene Auseinandersetzungen gemieden werden, wird dagegen auf die soziale Identität ausgewichen, kommt es zur normativen Anpassung oder einer Gruppenfixierung, die stellvertretend für gesellschaftliche Leitbilder Sicherheit und eigene Stärke suggerieren soll (vgl. ebd.). Befindet sich das Individuum in dieser psychosozialen Position, hat es seine Handlungsautonomie bzw. die Tendenz zur selbstbestimmten Entwicklung einer solchen aufgegeben und seine Unabhängigkeit zugunsten fremder Interessen verloren (vgl. ebd.). Diese können nun Angebote offerieren, „[...] die Klarheit in die unübersichtlichen, widersprüchlichen Konstellationen zu geben versprechen" (ebd.), und „[...] die die Zerrissenheit der Identität dadurch zu überspielen in der Lage sind, daß sie die Ganzheitlichkeit der Person ansprechen [...] und zugleich Lösungsversprechen in unterschiedlichen Handlungsbereichen anbieten" (ebd.).

Solche Angebote bieten bspw. einen Erlebnisfaktor, der zur „Aufhebung der Lähmung durch Taten [...]" (ebd. ff.) führen soll, des weiteren eine scheinbare Authentizität nach dem Prinzip „Worten folgen Taten", Kameradschaft mit Wiedererkennungswert und vor allem die klare Strukturiertheit von Prinzipien, die dem orientierungslosen Individuum scheinbare Lösungen in Aussicht stellt (vgl. ebd.). Es handelt sich bei den genannten Faktoren um die Hauptkomponenten der Angebotspalette, welche rechte Parteien vor allem im Osten Deutschlands einer durch gesellschaftliche Veränderung und ökonomische Schieflage in Form des nicht vorankommenden „vielbesungenen" Aufschwungs Ost verunsicherten Jugend auf propagandistische Weise offerieren und damit scheinbar genau den Nerv eines nicht unbedeutenden Teils dieser heranwachsenden Generation zu treffen scheinen (vgl. Teil 1). Die „[...] gesellschaftlich verursachte Zerrissenheit [...]" (ebd., S. 94) wird nach Heitmeyers Annahme durch das Zusammenspiel von „[...] kapitalistischer Produktionsweise und kulturellen Erosionen [...]" (ebd.) bedingt[11]. Letztere werden demnach durch die „[...]

---

11 Heitmeyer bezieht sich dabei auf Hirsch, der bereits 1976 in seinem Buch „Social Limits of Growth" auf diese Problematik hingewiesen hatte (vgl. Heitmeyer, 1995, S. 94)

Zerstörung soziokultureller Milieus [...]" (ebd.) dargestellt und seit dem „[...] Rückgang oder Verlust beruflicher und ökonomischer Teilhabe [...]" (ebd.) bewusst vom Individuum wahrgenommen, womit identitätsstiftende soziokulturelle Orientierungsmuster wegfallen (vgl. ebd.). Dadurch verschwindet die Basis für den „[...] souveränen Umgang mit interkulturellen Alltagskonflikten [...]" (ebd., S. 95), ein „[...] Unbehagen an *eigenen* sozialen und kulturellen Lebensweisen [...]" (ebd.) stellt sich ein. Dieses wird, statt an die „[...] rational begründbaren Ursachen von sozialen Folgen kapitalistischer Produktionsweise [...]" (ebd.) anzuknüpfen [...] in Richtung fremder Individuen verlagert [...]" (ebd.). Dies ist für Heitmeyer „[...] ein typischer Irrationalismus [...]" (ebd.). Eine auf diesen aufgesetzte und leicht produzierbare „[...] nationalisierende Betrachtungsweise [...]" (ebd.) könnte einen „[...] Einstieg in den Rechtsextremismus" (ebd.) erklären.

In den erwähnten „[...] identitätsgefährdenden Situationen [...]" (ebd., S. 96) ist Identität für betroffene Jugendliche „[...] nur noch über Gewaltanwendung – zumindest surrogathaft – herstellbar [...], weil sie sichtbare Spuren hinterlassendes Zeichen dafür ist, daß Ohnmacht ein Stück weit überwunden werden konnte" (ebd., S. 95). Diese Ohnmacht spiegelt sich für Heitmeyer auch „[...] in Form der politischen Apathie" (ebd., S. 97) wider, die durch den Widerspruch der Grundsätze einer in der Verfassung verankerten freiheitlichen Demokratie und deren alltäglicher Wirklichkeit und Tagespolitik hervorgerufen wird (vgl. ebd.). Setzt sich diese Apathie „[...] als Folge der Identitätszerissenheit, weil die soziale Identität preisgegeben wurde [...]" (ebd.) durch, wird nach Heitmeyer folglich das antifaschistische Bewußtsein im Jugendlichen zerstört (vgl. ebd.). Nun sucht dieser in seiner ohnmächtigen Verbitterung ob der politischen Realität „[...] Auswege jenseits des existierenden Systems [...]" (ebd.); er sucht Sozialisationsräume, „[...] in denen diese Widersprüche nicht vermutet werden, in denen – identitätstheoretisch gesprochen – die Entwicklung einer Identität eher möglich scheint, da sich die Widersprüche nicht im erlebten Maße in die persönliche und soziale Identität hineinvermitteln und die Entwicklung einer eigenständigen Identität verhindern" (ebd.).

Vollzieht sich dieser Prozess unter materiell ungünstigen Bedingungen, wie sie derzeit bspw. in Ostdeutschland vorliegen, und die von Heitmeyer als nicht vorhandenes „[...] ökonomisches „Dämpfungsmaterial" [...]" (ebd. ff.) bezeichnet werden, so neigen betroffene Jugendliche dazu, „Traditionelle

Wertmaßstäbe für Familie, Ehe, Leistung, Ordnung [...]" (ebd., S. 98) zurückzufordern, die Durchsetzung dieser Ziele aufgrund der im bestehenden System als unüberwindbar empfundenen Widersprüche jedoch nicht über „[...] kommunikative kollektive Willensbildungsprozesse [...]; sondern über Kampf und Gewalt [...]" (ebd.) zu realisieren. So wird demnach der „[...] „Kampf um das Dasein" [...] auf die Ebene des politischen Systems gehoben" (ebd.). Für Heitmeyer ist an diesem Punkt „[...] ein Einfallstor dafür geschaffen, die Gleichheit von Menschen aufzuheben: Fremde gegen „Eigene", Starke gegen Schwache etc." (ebd.). Solchermaßen orientiert stehen die Jugendlichen dem nächsten Widerspruch gegenüber: sie müssen ihr gegen den Staat gerichtetes Misstrauensvotum in eine bedingungslose Vertrauenserklärung gegenüber ihrer rechten Subkultur oder Organisation transformieren (vgl. ebd.). Es handelt sich demnach im gesamten Prozess um „[...] erhebliche Synthetisierungsleistungen [...]" (ebd. ff.), die von den Heranwachsenden gefordert werden.

Die „[...] Zustände von Anomie, die sich als Norm- und Orientierungslosigkeit, Vereinsamung und Verlassenheit, Angstzustände, Macht- und Hilflosigkeit niederschlagen können" (ebd., S. 99) bilden die Basis für „[...] die Suche nach Verhaltensgewißheiten [...]" (ebd.). Es sind dies Gewissheiten, wie sie typisch für die rechte Szene zu sein scheinen, „Gewißheiten ausschließlich in kleinen Gemeinschaften abseits der gesellschaftlichen Auseinandersetzungen in den Großinstitutionen; Gewißheiten über Totalidentifikationen; Gewißheiten über eindeutige Normanweisungen ohne Interpretationszwänge; Gewißheiten über surrogathafte kollektive Identitäten, durch deren „Stärke" und in deren vermeintlichem Schutz dann „Geborgenheit" gesucht wird; Gewißheiten, durch die feste Positionen zugewiesen und „Überlegenheit" versprochen werden" (ebd.).

In diesem Zusammenhang erwähnt Heitmeyer die Bedeutung von „[...] nationalisierenden Leitbildern [...]" (ebd., S. 102), die unmittelbar „[...] mit dem Politisierungspotential der Naturkategorien (vor allem Rasse und Hautfarbe) [...]" (ebd., S. 101) in Verbindung gebracht werden können. Jugendliche, welche die Tendenz zur Ausprägung einer rechtsextremistischen Orientierung zeigen, unterliegen unter den in diesem Kapitel beschriebenen Bedingungen der Gefahr, dass sich „[...] die Identitätsprozesse weniger an und in den sozialen Lagen vollziehen und stärker an zugewiesenen Ungleichheiten wie Rasse, Hautfarbe, Alter etc. orientieren – und Politisierungspotentiale entfalten" (ebd.). Durch eine historische Aufladung (vgl. ebd.) dieser „[...] „natürlichen" Orientierungshilfen [...]" (ebd.) steigt die Bedeutung der „[...] forcierten nationalen Identifikationsangebote [...] die sich mit dem Politisierungspotential (vor allem Rasse und Hautfarbe) verbinden können" (ebd.). Beim Ausfall sozialer Orientierungshilfen wird mittels dieser Naturkategorien versucht, neue Orientierungsmöglichkeiten zu entwerfen (vgl. ebd. ff.). Für diese muss man „[...] gewissermaßen rückwärtsgerichtete Anfragen an die Geschichte von Rasse, Nation, Heimat etc. stellen, die in Deutschland in einem dichten problematischen Traditionszusammenhang stehen [...]" (ebd., S. 102). Dies gehört zum Tagesgeschäft rechter Parteien und Organisationen (siehe Teil 1). Betroffene Jugendliche scheinen genau darin ihre Chance auf eine gefestigte Identität zu sehen, da ihnen diese scheinbar nicht genommen werden kann (vgl. ebd.), „Während die sozialen Versuche zur Identitätsbildung ständig prekär gefährdet sind [...]" (ebd.). Obwohl nach Heitmeyer nationalisierende Leitbilder noch längst nicht flächendeckend kommuniziert werden, gelten sie in ihrer übernommenen Form als „[...] nationalisierende Orientierungen, die in der Regel autoritär konstruiert sind, als Einstiegsschleuse in rechtsextremistische Orientierungsmuster" (ebd., S. 103).

Als ein aktuelles Beispiel für einen solchen Vorgang könnte hier die jüngst von der CDU initiierte sogenannte Leitkultur-Diskussion genannt werden, die in einer wirtschaftlich vor allem in Ostdeutschland schwierigen Zeit stattfand. Wenn man solche von den Massenmedien flächendeckend in deutsche Haushalte kommunizierten Begriffskampagnen, Wahlslogans wie bspw. „Kinder statt Inder" oder die Anti-Doppelpass-Strategie im vergangenen hessischen Landtagswahlkampf, die Abschiebung eines wiederholt straffälligen 16-jährigen jugendlichen in Deutschland sozialisierten Türken in sein angebliches Heimatland oder die beschwichtigenden Kommentare eines CDU-Ministerpräsidenten zur Problematik rechtsextremer und fremdenfeindlicher Gewalt in Deutschland, vor allem aber auch die im ersten Teil dieser Arbeit eingehend beschriebenen Methoden rechter Parteien und Organisationen zur Rekrutierung Jugendlicher mit den Symptomen einer individualisierten und pluralisierten Gesellschaft verknüpft und mit den ebenfalls im ersten Teil genannten statistischen Werten vergleicht, welche das rechte Spektrum in Zahlen fassen, wird deutlich, dass sich Heitmeyers Theoriegerüst beinahe täglich auf den politischen und daraus resultierenden sozialen Alltag anwenden lässt.

2.4 Rechtsextremistische Straftäter

Seit der deutschen Wiedervereinigung im Jahr 1990 „[...] kam es zu einer Eskalation von rechtsextremistisch motivierten Gewalttaten [...]" (Pfahl-Traughber, 2000, S. 68) in Deutschland. Diese Aussage wird durch statistische Werte deutlich belegt: 1991 wurden 1.492 fremdenfeindlich ausgerichtete Straftaten registriert, während es 1990 noch 309 gewesen waren (vgl. ebd. ff.). Im Jahr 1992 wurden bereits 2.639 rechtsextremistische Straftaten begangen, ein leichter Rückgang war 1993 mit 2.232 solcher Delikte zu verzeichnen (vgl. ebd.). Bis 1996 sank die Gewaltkurve auf 624 entsprechende Straftaten (1994: 1.489; 1995: 837) und stieg 1997 wieder auf 790 an (vgl. ebd.). Seither verlief die Kurve entsprechender Gewaltdelikte steil nach oben. Nach 10.037 Straftaten mit rechtsextremistischem Hintergrund im Jahr 1999 (vgl. Bundesamt für Verfassungsschutz [Hg.], 2001, S. 23) wurden im Jahr „2000 [...] 15.951 [...] Straftaten mit erwiesenem oder zu vermutendem rechtsextremistischen Hintergrund erfasst, davon 998 Gewalttaten (1999: 746) und 14.953 sonstige Straftaten (1999: 9.291)" (vgl. ebd.). Obwohl es sich hinsichtlich der Zahlen des Jahres 2000 in 65,4% der Fälle „lediglich" um Propagandadelikte handelte, ist der Anstieg der rechtsextremistisch motivierten Straftaten um 58,9% seit 1999 ein erschreckendes Signal (vgl. ebd.). Die Zahl der Gewalttaten in diesem Bereich erfuhr eine Steigerung um 33,8% (vgl. ebd.).

Wer sind die rechten Schläger, Randalierer und Straftäter? Aktuellen Medienberichten zufolge soll es sich dabei in der Regel scheinbar um gewaltbereite Skinheads und Neonazis handeln, die betrunken in kahlrasierten und martialisch auftretenden Horden Asylantenheime überfallen, ausländische Mitbürger angreifen oder ganz einfach nur andersaussehende bzw. – denkende Menschen in jeder erdenklichen Situation attackieren und dabei auch den Tod ihres „Gegners" in Kauf nehmen sollen. Dies ist sozialwissenschaftlichen Erkenntnissen zufolge nur bedingt richtig. „[...] So stammen nach polizeilichen Erhebungen unter zehn Prozent der Gewalttäter mit rechtsradikalem/fremdenfeindlichem Hintergrund aus der Skinhead-Szene; mindestens acht von zehn Tätern waren „normale", bis dato unauffällige Jungen und Männer aus der unmittelbaren Nachbarschaft ohne einschlägige Skinhead-/Neonazi-Kontakte)" (Farin, 1996, S. 9). Von der Gesamtheit der fremdenfeindlichen Gewalt wurde 1997 „[...] lediglich ein Fünftel von organisierten Rechtsextremisten in Gruppen oder Parteien und rechtsextremistisch orientierten Skinheads begangen [...]" (Pfahl-Traughber, 2000, S. 69). Da sich die Zielrichtung der Delikte „[...] auf einen bestimmten Personenkreis beschränkt [...]" (ebd.), schließt Pfahl-Traughber auf einen Zusammenhang mit der Akzeptanz der Ideologie der Ungleichheit in der Handlungsweise der Täter. Hier könnte man eine Verbindung zur Forschung Heitmeyers ziehen, der sich über verschiedene Zeiträume hinweg mit rechtsextremistischen Orientierungen bei jungen Menschen und deren Ursachen und Hintergründe in Längsschnittstudien auseinandersetzte. Für Heitmeyer ist es bezüglich der zuvor erwähnten Problematik der teils unpolitisierten Straftäter wichtig, „[...] daß sowohl jugendliche Subkulturen als auch das unspezifische Potential mit in die Untersuchungen einbezogen werden" (Heitmeyer, 1995, S. 23).

Der Großteil der Straftäter im Bereich fremdenfeindlicher Gewalt ist nach einer Studie von Willems männlichen Geschlechts, unter zwanzig Jahre alt und als Schüler oder Auszubildender in einem scheinbar geregelten sozialen Verhältnis mit Zielperspektive angesiedelt (vgl. Willems, 1993, S. 145). Darüber hinaus ist die Mehrheit der entsprechenden Täter „[...] nicht [...] ohne jeden formalen Bildungsabschluss [...]" (ebd.), sondern besitzt „[...] ganz überwiegend einen niedrigen bis mittleren Bildungsabschluss" (ebd.). Der Arbeitslosenanteil unter fremdenfeindlichen Straftätern ist höher als der unter Jugendlichen insgesamt (vgl. ebd.), was darauf hindeuten könnte, dass „Selbsterfahrene Arbeitslosigkeit [...] *ein* Risikofaktor für die Zuordnung zu fremdenfeindlichen Gruppen zu sein" (ebd.) scheint.

Ebenso lässt sich für den Großteil der entsprechenden Gewalttäter nach Willems Studie mit „[...] Zugehörigkeiten zu Skinheadgruppen und sonstigen fremdenfeindlichen Gruppen [...]" (ebd.) ein weiteres Merkmal nachweisen, während „Die Zugehörigkeit zu rechtsextremistischen Gruppen [...] im Vergleich dazu deutlich geringer [...]" (ebd.) ausfällt. Als besonders relevant gelten „[...] jedoch vermutlich auch ganz alltägliche Freizeitgruppen und Freundescliquen, die weder als politisch (rechts) ausgerichtet noch als feste Gruppen oder gar Organisationen anzusehen sind" (ebd.). Den größten Teil fremdenfeindlicher Straftäter machen „[...] unauffällige, ‚normale' Jugendliche und Ersttäter" (ebd., S. 146) oder solche Jugendliche aus, die bereits „[...] wegen sonstiger Straf- und Gewalttaten [...] vorbelastet sind" (ebd.).

Willems differenziert das Gesamtprofil der fremdenfeindlichen jugendlichen Straf- und Gewalttäter in vier verschiedene Tätertypen, „[...] die sich sowohl hinsichtlich der politisch-ideologischen Orientierung, als auch hinsichtlich der grundsätzlichen Gewaltbereitschaft und der Fremdenfeindlichkeit unterscheiden" (ebd., S. 200). Aus den im Folgenden ausgeführten Beschreibungen der vier Tätertypen könnte man des weiteren auf deutliche Unterschiede hinsichtlich biografischer Erfahrungen sowie schulischer und beruflicher Erfolge der einzelnen Profile schließen. Willems gelangte nach der Analyse von 53 Urteilsschriften zu 148 Straftätern zur folgenden Einteilung (vgl. ebd., S. 207).

Als sogenannten Mitläufer definiert Willems den ersten Tätertypus seiner Unterscheidung (vgl. ebd., S. 200). Bei diesen jugendlichen Straftätern lässt sich weder ein rechtsextremistisches Weltbild (vgl. ebd.), noch eine „[...] verfestigte Ausländer- oder Fremdenfeindlichkeit" (ebd.) erkennen. Teils befindet sich der Mitläufer-Typ in Skinhead- oder Faschogruppen, größtenteils gehören diese Täter jedoch Freizeit- oder Freundescliquen an (vgl. ebd.). Diese codieren sich über entsprechende Mode und Musik, betrachten aber Gruppengemeinschaft und Solidarität als Hauptfaktoren ihrer Zusammengehörigkeit (vgl. ebd.). In seinem gewaltbereiten Handeln unterliegt der erste Typus einem gruppendynamischen Prozess, dem bspw. Solidaritätszwang und Konformitätsdruck zuzurechnen sind (vgl. ebd. ff.). Oft sind diese Täter unterstützend aktiv, eine grundsätzliche Gewaltbereitschaft ist ihnen nach Willems nicht zuzuordnen (vgl. ebd. ff.).

Der zweite durch fremdenfeindliche Gewalt aufgefallene jugendliche Straftätertypus ist nach Willems der kriminelle Jugendliche, der in diesem Kontext auch als Schlägertyp bezeichnet wird (vgl. ebd., S. 201). Lange Vorstrafenregister wegen teilweise schwerer Körperverletzungen sowie eigene Erfahrungen bezüglich des Aufenthalts in Gefängnissen sind neben privaten und beruflichen Negativkarrieren die Regelerscheinungen in den Biografien dieser meist etwas älteren Jugendlichen (vgl. ebd.). Eine ausländerfeindliche Grundeinstellung dominiert das Handeln dieser Tätergruppe, die wenn auch nicht unter rechtsextremistischen Aspekten, so aber doch konstant von hoher psychischer Bedeutung speziell bei der Verarbeitung von biografischen Misserfolgen und negativen Zukunftsperspektiven dieser Jugendlichen ist (vgl. ebd., S. 202). Gewalt fungiert hier als alltägliches Mittel zur Durchsetzung von Zielen, zumal eine ständige Aggression und Action-Orientierung diesen Tätertypus charakterisiert (vgl. ebd.). Dieses diffuse Gewaltpotential könnte der Grund dafür sein, dass sich Jugendliche dieses Typs oft in konkreten Situationen als Initiatoren oder Vorkämpfer benutzen lassen (vgl. ebd., S. 204). An dieser Stelle könnte man an eine bereits beschriebene Theorie anknüpfen, nach der diese Straftäter einem Aufwertungsangebot unterliegen.

Der dritte Tätertypus wird von Willems als Ausländerfeind oder Ethnozentrist bezeichnet (vgl. ebd.). Viele der entsprechenden Jugendlichen gehören subkulturellen Szenen wie bspw. der Skinhead-Szene an, pflegen aber keine festen Verbindungen wie z.B. eine Mitgliedschaft in rechtsextremistischen Parteien oder Gruppierungen (vgl. ebd.). Teilweise sind diese Jugendlichen lediglich Teil sogenannter Freizeitcliquen (vgl. ebd.). Diese Täter vertreten zwar fremdenfeindliche Vorurteile und nationale Parolen, besitzen aber kein ideologisch gefestigtes rechtsextremistisches Weltbild, sondern grenzen sich von entsprechenden Parteien und deren Zielen ab (vgl. ebd.). Die vorhandene Gewaltbereitschaft gegenüber Fremden wird von diesem Tätertypus über die angebliche Benachteiligung Deutscher gegenüber Ausländern oder Asylbewerbern legitimiert, die stark national geprägten Denkmuster und die daraus gezielt gegen Fremde ausgerichtete Gewalt wird von den jugendlichen Straftätern als materiell bedingt und unter Heranziehung eines angeblichen Konkurrenzmotivs begründet (vgl. ebd.).

Beim vierten Typus der Tätereinteilung nach Willems handelt es sich um den ideologisch-motivierten, rechtsextremistischen oder rechtsradikalen Täter, der in direkten Zusammenhang mit entsprechenden Parteien oder Gruppierungen gebracht werden kann oder zumindest in deren Umfeld zu finden ist (vgl. ebd., S. 206). Oft handelt es sich bei solchen Straftätern nach Willems Erkenntnissen um politische Aktivisten, die teil agitierende, teils organisierende Rollen spielen und selbst noch vor Gericht ihr überzeugtes rechtsextremistisches Weltbild vertreten (vgl. ebd. ff.). Dieser Tätertypus besitzt demnach eine gefestigte Gewaltbereitschaft, die sich gegen konkret definierte Opfergruppen richtet und somit strategisch ausgerichtet ist (vgl. ebd., S. 207). Die Legitimation dieser Gewaltbereitschaft ist bei Tätern dieses Typs ideologisch-rassistisch geprägt. In konkreten Situationen sowie im Vorfeld einer Straftat tritt dieser Täter-Typus in der Regel als

Leitfigur auf, die das Verhalten von Gruppen oder Einzelpersonen durch Agitation zu steuern versucht (vgl. ebd., S. 206 ff.).

In seiner Untersuchung analysierte Willems außerdem die sozialen Hintergründe der Täter und beschrieb die Bildungsstandards sowie die familiären Zusammenhänge der einzelnen Typen. Bezüglich des ermittelten Bildungsniveaus der Jugendlichen scheint der vierte Typ im Vergleich zu den anderen Täterkategorien über erfolgreiche Schulabschlüsse (Realschule) und Berufsausbildungen zu verfügen, außerdem stehen die meisten dieser Straftäter in einem festen Arbeitsverhältnis. Über die Herkunftsfamilien des vierten Tätertypus macht Willems keine Angaben (vgl. ebd., S. 207).

Typus 2 zeichnet sich durch die niedrigsten Bildungsabschlüsse aus, die Arbeitslosenquote liegt höher als in den anderen drei Tätergruppen (vgl. ebd., S. 201 ff.). Oft treten bei diesem Typ Probleme und Defizite in Schule und Familie auf (vgl. ebd., S. 202). Der dritte Typ weist nach Willems die negativste soziale Bilanz auf. Schulabbrüche, abgebrochene oder unvollständige Ausbildungen, häufig gewechselte Arbeitsplätze sowie eine hohe Arbeitslosigkeit kennzeichnen die Biografien dieser Jugendlichen (vgl. ebd., S. 201 ff.). Auch im familiären Bereich liegen in dieser Gruppe fast ausnahmslos Problemsituationen vor (vgl. ebd., S 202). Ein-Eltern- oder Scheidungsfamilien sind die Regel, zusätzlich wird hier von gestörter familiärer Kommunikation, Gewalt in der Erziehung, Alkoholmissbrauch und emotionaler Vernachlässigung durch die Eltern sowie von ständig wechselnden Betreuungsinstanzen berichtet (vgl. ebd.).

Das Bildungs- und Sozialniveau des ersten Typus (Mitläufer) scheint im Vergleich zu Typ 3 (Ethnozentrist/Ausländerfeind) in einem krassen Gegensatz zu stehen (vgl. ebd., S 200). So stammen Angehörige der Tätergruppe der Mitläufer in der Regel aus intakten, bürgerlichen Familien, auch über private oder berufliche Probleme ist nichts bekannt (vgl. ebd.). Eine abgeschlossene Schulausbildung (Haupt- oder Realschule) ist der Standard, und in den meisten Fällen existieren feste Arbeitsverhältnisse als Handwerker oder Facharbeiter (vgl. ebd.). Anders als beispielsweise beim dritten Tätertypus liegen bei Typ 1 nur in seltenen Fällen Vorstrafen vor (vgl. ebd.).

Da die Tätergruppen zwei bis vier jeweils in 25 – 30% der Fälle vorkommen, während Typus 1 im Vergleich dazu eher seltener anzutreffen ist (10 - 15 %) (vgl. Willems, 1993 nach Bölting, 1997, S. 81), könnte die Folgerung gezogen werden, dass eine durch familiäre Probleme und negative Zukunftsaussichten verursachte Orientierungslosigkeit bei Jugendlichen durchaus in rechtsextremistische Denk- und Handlungsmuster münden könnte, die in Kombination mit vorhandener Gewaltbereitschaft möglicherweise zu fremdenfeindlichen Straftaten führen könnte. Heitmeyers Definition der Verbindung von Gewaltakzeptanz und Ablehnung des Gleichheitsprinzips könnte danach außer beim der ersten Typus bei allen beschriebenen Tätertypen angeführt werden.

2.5 Von der Gewaltakzeptanz zu aggressiven Handlungsweisen

Nach Heitmeyers Annahme handelt es sich bei rechtsextremistischer Orientierung wie bereits mehrfach erläutert um die Ablehnung des Gleichheitsprinzips gepaart mit einer vorhandenen Gewaltakzeptanz. Die im vorangegangenen Kapitel beschriebenen vier Täter-Typen fremdenfeindlicher Straf- und Gewalttaten weisen bis auf den ersten Typ eine Gewaltbereitschaft auf, die sich von der Akzeptanz von Gewalt zur aggressiven Handlungsbereitschaft entwickelte. Aufgrund des jeweils vorhandenen und teils gefestigten rechtsextremistischen Weltbilds oder der zumindest ausländerfeindlichen Grundeinstellung der Täter könnte man von einer Ablehnung des universalen Gleichheitsprinzips ausgehen. Wie kommt es jedoch von der Gewaltakzeptanz zur Anwendung von Gewalt, und wie ist die Motivation der handelnden Täter zu erklären? Im Folgenden sollen verschiedene Erklärungsansätze zur Begründung menschlicher Aggression dargestellt werden, die zum Teil unter Berücksichtigung sozialer Begleitfaktoren in Umwelt und Biografie der Täter die Entstehung rechtsextremistisch motivierter Gewalt gegen Menschen erklären könnten. Zunächst soll jedoch das Begriffsverständnis gewaltsamen Handelns im Kontext fremdenfeindlich ausgerichteter Gewalt in 2.5.1 geklärt werden.

2.5.1 Gewaltsames Handeln als Verhaltensakt

Das Verständnis eines gewaltsamen Handelns im Sinne eines Verhaltensakts, „[...] dessen Ursachen auf Schwierigkeiten individueller Konflikt- und Problemverarbeitung zurückgeführt werden, ist ein [...] Konzept, das vor allem in sozialpsychologisch angelegten Untersuchungen [...]" (Heitmeyer, 1995, S. 18) angewandt wird. Gewalt als Handlungsweise kann hierbei „[...] in instrumenteller wie auch in expressiver Form auftreten" (ebd.). Instrumentelle Gewalt meint „[...] den zielgerichteten und geplanten Einsatz von Gewalt [...]" (ebd.) und ist „[...] i.d.R. auch mit Lernerfahrungen verbunden [...]" (ebd.), während expressive Gewalt „[...] auf die Situativität und Episodenhaftigkeit von Gewalterfahrungen" (ebd.) abzielt. Gewalt wird also in diesem Sinne nicht „[...] defizitären Persönlichkeitsmerkmalen [...]" (ebd.) zugeschrieben, sondern soll auf „[...] Interaktionen zwischen Individuen und Gruppen [...]" (ebd.) basieren, womit „[...] der Gewaltbegriff für interaktive und situative Prozesse geöffnet [...]" (ebd.) wird.

2.5.2 Die Frustrations-Aggressions-Hypothese (inkl. der Sündenbock-Erklärung)

Die Frustrations-Aggressions-Theorie besagt, dass Aggression als Reaktion auf frustrierende Erfahrungen entsteht (vgl. Zimbardo, 1995, S. 429). Sie stimmt mit der Annahme Sigmund Freuds überein, „[...] daß der aggressive Trieb eine Steigerung erfährt, wenn er keinen Ausdruck findet (wenn die Frustration andauert)" (vgl. ebd.). Die Theoretiker dieser Hypothese sahen den Ursprung aggressiven Verhaltens „[...] jedoch eher in *externen* Faktoren (der Anhäufung frustrierender Situationen) als in einem angeborenen Aggressionstrieb" (ebd.). Im Laufe der Weiterentwicklung dieser Theorie wurde erkannt, „[...] daß es entscheidend von der eigenen *Wahrnehmung* abhängt, wie eine Person [...] reagiert [...]" (ebd.).

Da ein Individuum die durch Frustration motivierte Aggression nicht immer direkt entlädt, da dies eventuell eine Strafsanktion nach sich ziehen würde, „[...] wird das aggressive Verhalten jedoch möglicherweise gehemmt und stellvertretend an einem sicheren Ziel ausgelassen [...]" (ebd.) Als beliebte Ziele solcher „[...] fehlgeleiteter Aggression [...]" (ebd.) gelten z.B. „[...] Minderheiten [...] die sich ohnehin schon in gefährdeten Positionen befinden und mit größter Wahrscheinlichkeit nicht zurückschlagen werden" (ebd.). Diese Aggressionsopfer werden damit zum Sündenbock gemacht (vgl. ebd.), da sie „[...] für die Frustration des Aggressors nicht verantwortlich sind [...]" (ebd.). Behauptet wird weiter, dass „[...] die fehlgeleitete Aggression um so schwächer [...]" (ebd.) ausfällt, „[...] je weniger das Ersatzziel der Quelle der Frustration ähnelt" (ebd.), was fremdenfeindlich ausgerichtete Gewalt jedoch nicht erklären, sondern völlig verharmlosen würde. Andere Untersuchungen kamen zu dem Ergebnis, „[...] daß fehlgeleitete Aggression genauso stark sein kann wie direkt gegen die Frustrationsquelle gerichtete und daß sich in der Folge die Aggressionsneigung verringert [...]" (ebd.).

Willems vermutet einen Teil der fremdenfeindlich ausgerichteten Gewalt „[...] *als Resultat allgemeiner Frustrationen und Orientierungslosigkeit* [...]" (Willems, 1993, S. 193) und erläutert, dass „In einer Reihe von Fällen [...] die fremdenfeindlichen Handlungen und Gewalttaten auf individuelle Aggressionen [...], die durch Probleme und Frustrationen in anderen Bereichen erzeugt wurden" (ebd.), zurückzuführen seien. Weiter erklärt er, dass auf diese Weise „Durch Aggression gegen noch Schwächere [...] Ohnmachtserfahrungen ausgelebt und kompensiert werden" (ebd.) könnten, wobei es sich „[...] um den aus der Vorurteilsforschung bekannten Vorgang der Projektion von Schuld auf Sündenböcke" (ebd.) handeln soll. Gerade „Ausländer übernehmen häufig eine ‚Sündenbockfunktion', wenn sie nach Überzeugung der Angeklagten für das eigene Versagen, etwa das vergebliche Bemühen um einen Arbeitsplatz, oder längerfristige Arbeitslosigkeit verantwortlich gemacht werden" (ebd., S. 195). Nach Willems Erkenntnissen „spielen Konkurrenzängste und Gefühle der Benachteiligung durch den Staat, durch die politischen Entscheidungsträger [...]" (ebd.) dabei eine bedeutende Rolle, was sich als Frustration beschreiben lassen und folglich eine Erklärung mittels der Frustrations-Aggressions-Hypothese ermöglichen könnte.

Die von Lenk beschriebene sogenannte Modernisierungsverlierertheorie könnte ebenso in diesem Kontext erläutert werden, da sie in einer gesellschaftlichen Situation, in der sich der Einzelne völlig neuen Entwicklungen gegenüber sieht, Berufsgruppen aussterben und eine aufgrund neuer Qualifikationskriterien stattfindende soziale Selektion das sich orientierende eventuell heranwachsende Individuum verunsichert, die Projektion von Aggression zugunsten der Kompensation des eigenen sozialen Risikos auf

Schwächere als Abwehrhaltung erklärt (vgl. Lenk: Jugendlicher Rechtsextremismus als gesamtdeutsches Problem In: Faber/Funker/Schoenberner [Hg.], 1995, S. 88 ff.). Auch wenn Gewalt „[...] gleichförmig vollzogen [...] und in organisierter Form [...]" (ebd., S. 89) stattfindet, wird dies als Abwehrmechanismus bewertet, der sich gegen einen Sündenbock richtet (vgl. ebd., S. 88 ff.). Demnach sucht sich „Rechtsextremismus [...] als ein organisierter Schutzmechanismus sozialpsychologischer Art, der in systematischer und propagandistischer Form bestimmte Vorurteile gegen alles Fremde pflegt [...] als Opfer des Sündenbockmechanismus bestimmte ethnische Gruppen, aber auch sozial Schwache, Kranke und Behinderte [...]" (ebd., S. 89).

Der Schwerpunkt rechtsextremistischer Gewalttaten ist wie in Teil 1 beschrieben in Ostdeutschland angesiedelt, wo es nach der Wiedervereinigung zu gravierenden gesellschaftlichen Umwälzungen kam. So ging „Die Wende im Osten [...] einher mit einem drastischen Verlust an existentiellen Sicherheiten" (Kuhnke: Gewalttätige Jugendliche In: Biehn/Karig/Kuhnke/Lang/Reißig [Hg.], 1994, S. 166). Diese Situation, ein Schnelldurchlauf der im Westen Deutschlands bereits vollzogenen Individualisierung der Gesellschaft, führten u.a. dazu, dass es „In vielen Familien zu Überforderungen, gestörten familialen Beziehungen infolge von Arbeitslosigkeit und materieller Existenzbedrohung, gesellschaftlicher Entwertungen bisher anerkannter sozialer Positionen in Öffentlichkeit und Arbeitswelt" (ebd., S. 167) kam. Nach Heitmeyer ist es „[...] ganz deutlich, daß strukturelle ökonomische Problemlagen auf die Ebene der Schuldzuweisungen gegenüber „fremden" Individuen verlagert werden" (Heitmeyer, 1995, S. 95).

2.5.3 Lernen am Modell

Das von Bandura entwickelte (vgl. Tillmann, 1996, S. 77) sogenannte Lernen am Modell (vgl. ebd.) gilt als eine Erweiterung des behavioristischen Konzepts des instrumentellen Lernens (vgl. ebd.) und besagt, dass „[...] Menschen [...] nicht nur durch einzelne Verhaltensverstärkungen, sondern auch durch Nachahmung anderer Menschen [...]" (ebd.) Verhaltensweisen erlernen. Voraussetzung für dieses Lernmodell ist die unbedingte Präsenz mindestens zweier Medien, bspw. zweier Personen, welche jeweils die

Rolle des Beobachters oder des Modells innehaben (vgl. ebd.). Wenn auch „[...] die innerpsychischen Lernprozesse, die zur Übernahme des gesehenen Verhaltens führen, nicht gesehen werden [...]" (ebd.), so ist doch „[...] die Nachahmung, also der unmittelbare Vollzug" (ebd.) beobachtbar. Nach Bandura wird die Bereitschaft zur Imitation sowie deren Transformation in eine Handlungsweise unterschieden (vgl. ebd.). Letzterer Vorgang, also „[...] die tatsächliche Ausführung der übernommenen Verhaltensweisen, wird durch Verstärkerprozesse beeinflußt, während der verborgen ablaufende Prozeß der Übernahme davon unabhängig ist" (ebd.). Die „[...] Wahrnehmung eines Modells (in der Realität oder im Medium) [...]" (ebd.) kann folglich „[...] das Verhalten des Beobachters beeinflussen [...]" (ebd.). Hierbei werden „[...] nicht so sehr einzelne Verhaltensschritte, sondern eher soziale Vorbilder in ihrer Gesamtheit nachgeahmt" (ebd.), d.h. sie können „[...] sozusagen ‚am Stück' übernommen werden" (ebd.). Daher kann dieses Lernmodell sehr hilfreich sein, wenn es darum geht, „[...] die Übernahme komplexer Verhaltensformen zu erklären" (ebd.).

Nach Bandura ist das Lernen am Modell unter Berücksichtigung kognitiver Prozesse beim Individuum in vier Phasen gegliedert (vgl. ebd., S. 78). Dem Reiz des Modellverhaltens auf seinen Beobachter (Phase 1) (vgl. ebd.) folgt dessen Reaktion, bei der er unter Verwendung seiner kognitiven Fähigkeiten das beobachtete Modellverhalten „[...] in Vorstellungsbilder übersetzt, also in Symbolsprache transformiert [...]" (ebd. ff.) und im Gedächtnis speichert (Phase 2) (vgl. ebd.). Anschließend übernimmt der Beobachter die Verhaltensform des Modells (Phase 3) (vgl. ebd.) und wendet sie unter Motivation selbst an (Phase 4) (vgl. ebd. ff.). Generell lässt sich sagen, dass die für das beobachtete Modell scheinbar nützlichen oder erfolgreichen Verhaltensweisen von seinem Beobachter verstärkter übernommen und angewandt werden als solche, die eine negative Konsequenz nach sich ziehen (vgl. ebd., S. 79).

Willems überträgt dieses Modell auf die Problematik des Rechtsextremismus und beschreibt dessen „**Medienvermittelte Ausbreitung und Nachahmungseffekte**" (Willems, 1993, S. 231). Anhand der Beispiele Hoyerswerda und Rostock-Lichtenhagen[12] versucht er zu verdeutlichen, dass diese

---

12 In Hoyerswerda (1991) und Rostock-Lichtenhagen (1992) fanden tagelang bürgerkriegsartige Ausschreitungen von ungefähr 1000 rechtsradikalen Jugendli-

von entscheidender Bedeutung für die Gesamtentwicklung fremdenfeindlich ausgerichteter Gewalt waren (ebd.), „[...] weil sie Mobilisierungseffekte hatten und Nachahmungstaten andernorts auslösten" (ebd.). Durch diese beiden in diesem Zusammenhang durchaus als Schlüsselereignisse zu bezeichnenden Vorkommnisse „[...] machten die gewalttätigen Gruppen die Erfahrung, daß die massive Anwendung von Gewalt ‚erfolgreich' ist: ‚Erfolgreich' [...] nicht nur in dem Sinne, daß sie risikolos ausgeübt werden kann und mediale Selbstinszenierung ermöglicht, sondern erfolgreich im Hinblick auf die Durchsetzung politischer Ziele und die Lösung lokaler Konflikte: durch die Anwendung von Gewalt ist es in Hoyerswerda und Rostock gelungen, die Verlegung von Asylbewerbern in andere Unterkünfte zu erzwingen und ‚die Stadt ausländerfrei zu machen', wie es im ausländerfeindlichen Jargon heißt" (ebd.). Willems bezeichnet solche „[...] Erfahrungen ‚erfolgreicher' Gewaltanwendungen [...]" (ebd.) als entscheidend für die „[...] Diffusion und Eskalation von Gewalt" (ebd.). Neben diversen Nachahmungstaten und einer direkt folgenden Gewaltwelle nach Rostock und Hoyerswerda „[...] kam es zu einer Verstetigung und Veralltäglichung von Gewaltanschlägen gegen Ausländer über mehrere Wochen hinweg" (ebd., S. 232), ebenso führte „[...] der Anschlag von Solingen in einer Vielzahl von Städten zu Nachahmungstaten [...]" (ebd., S. 235) [13]. Daher hat nach Willems Annahme „Das Lernen am erfolgreichen Modell [...] für die Erklärung einer wellenartigen Eskalation und Ausweitung von Gewaltaktionen nach spektakulären ‚Einzelerfolgen' eine große Bedeutung" (ebd., S. 231).

---

chen (in Rostock) unter aktiver Beteiligung der lokalen Bevölkerung gegen die dort lebenden Asylanten statt; unter den Augen der zu spät eingreifenden örtlichen Polizei wurden Ausländer und Journalisten angegriffen sowie mehrere Wohnheime in Brand gesteckt; im Nachfeld der Ereignisse wurden die Asylbewerber aus beiden Städten verlegt, Lokalpolitiker zeigten teilweise öffentlich Verständnis für das Verhalten der beteiligten Randalierer und Bevölkerung (vgl. Bölting, 1997, S. 89 ff.); in Fernsehnachrichten wurde weltweit z.T. live von den Krawallen berichtet

13 Am 29. Mai 1993 wurde auf das Haus der in Solingen lebenden türkischen Familie Genc ein Brandanschlag verübt, bei dem fünf Menschen im Alter von vier bis 27 Jahren starben. Die Täter im Alter von 16 bis 23 Jahren gaben als Motiv Ausländerhass an und wurden zu einmal 15 sowie dreimal zehn Jahren Haft verurteilt (vgl. http://www.frankfurter-rundschau.de/fr/spezial/rechts/08.htm). Bereits am 23. November 1992 waren bei einem ähnlichen Anschlag in Mölln zwei türkische Mädchen verbrannt, die Täter wurden zu lebenslangen Freiheitsstrafen verurteilt (vgl. ebd.).

Einen weitere Lernfunktion bezüglich der Ausbildung fremdenfeindlich orientierter Gewalt sieht Willems in den Medien (vgl. ebd.). Hinsichtlich dieser Tatsache muss darauf hingewiesen werden, dass nach Banduras Lernen am Modell „[...] die Gegenwart des Modells auch medial vermittelt sein [...]" (Tillmann 1996, S. 77) kann, was sich primär auf Massenmedien bezieht (vgl. ebd.). „Durch die flächendeckende Berichterstattung über spektakuläre Ereignisse und insbesondere über politisch motivierte Gewaltanwendungen [...]" (Willems, 1993, S. 232) kommt den Medien demnach ein gewisser Bedeutungsgrad hinsichtlich der Information und Koordination der rechten Szene zu (vgl. ebd.), da diese „[...] durch die Berichterstattung in den Medien sichergestellt wird" (ebd.). Des weiteren erzielt die mediale Präsenz fremdenfeindlicher Straftaten und –täter bei diesen eine Art Belohnungseffekt (vgl. ebd. ff.) Willems benennt dies als „Aufmerksamkeitsprämie" (vgl. ebd., S. 232) und erklärt, dass die überlokale Medienpräsenz „[...] für manchen jugendlichen Gewalttäter [...] aufgrund der medialen Aufmerksamkeit ein Gefühl kollektiver Bedeutsamkeit und eine entsprechende subkulturelle Aufwertung ‚vom Schläger zum Helden' [...]" (ebd., S. 233) mit sich bringe.

2.5.4 Motivationen der Gewalttäter

Willems entwickelte in seiner Forschung zu den Hintergründen fremdenfeindlich orientierter Gewalt fünf verschiedene Motivationen, die „Aus den Aussagen der Angeklagten und aus den Kommentierungen und Bewertungen der Justiz [...]" (ebd., S. 190) geschlossen wurden. Er betont, dass die „[...] unterschiedlichen Motivlagen, die im Kontext fremdenfeindlicher Gewalt von Bedeutung sind" (ebd., ff.), nur in Abhängigkeit voneinander auftreten und definiert dies als einen sogenannten Motivmix (vgl. ebd., S. 191), „[...] aus dem lediglich zu analytischen Zwecken einzelne Motivstränge herausgearbeitet werden können" (ebd.). Die Motivationen zu fremdenfeindlich ausgerichteter Gewaltanwendung nach Willems werden im Folgenden beschrieben.

Zeigt fremdenfeindliche Gewalt „[...] den Charakter jugendtypischer Verhaltensmuster [...]" (ebd.), liegen nach Willems sogenannte Action-Motive (vgl. ebd.) vor, die aus der „Suche nach Action, nach Abwechslung, nach Konfrontation und Auseinandersetzung [...]" (ebd.) zusammengesetzt sind und „[...] jenseits aller Ideologien und Einstellungen [...]" (ebd.) stehen. Hinter solchen Motiven zur Anwendung von Gewalt „[...] steht oft die Erfahrung, daß der Alltag eher monoton und wenig abwechslungsreich ist" (ebd.). Die expressive Gewalt ist in diesen Fällen nach Willems Annahme „[...] z.T. Ersatz für fehlende Freizeitangebote und Möglichkeiten sich auszuprobieren, z.T. aber auch schlicht ein Aspekt selbstgewählter Lebens- und Freizeitstile in der erlebnisorientierten Gesellschaft" (ebd.). Die Folgen der ausgeführten Straftat „[...] werden dabei nur selten in ihrer ganzen Tragweite bis zu Ende gedacht" (ebd.).

Eine zweite Motivation bezüglich gewaltorientierter Handlungsweisen ist nach Willems auf die „*Geltung in der Gruppe*" (ebd.) zurückzuführen. Wie bereits in 2.2 erläutert wurde, spielen Peergroups eine bedeutende Rolle bezüglich der Vermittlung von Selbstwertgefühl und Identität bei Jugendlichen. Demnach wird „[...] vor allem für Jugendliche mit negativen Selbstwertgefühlen und geringem Selbstbewußtsein [...] offensichtlich, daß die Geltung in der Gruppe, das ‚Akzeptiertseinwollen' als vollwertiger Teil der Gruppe zentrale Handlungsmotivationen einzelner Jugendlicher darstellen [...]" (ebd.) könnte. Gruppenangehörige unterwerfen sich in solchen Situationen einem Zwang „[...] sich als stark und zuverlässig zu beweisen oder sich gar als besonders draufgängerisch und risikobereit darzustellen [...]" (ebd.) Dies gilt insbesondere für „[...] labile und identitätsschwache Jugendliche [...]" (ebd.), die sich hinsichtlich der ggf. subkulturell geprägten Gruppennormen wie z.B. Treue, Mut, Härte und maskulin geprägte Kämpfer- oder Kriegerideale (vgl. ebd.) „[...] konformistisch [...]" (ebd.) verhalten. So wird durch den Gruppenkontext „[...] die Wahrscheinlichkeit für gewalttätige Aktionen [...]" (ebd.) erhöht.

Die dritte von Willems ermittelte Motivation wurde bereits in 2.5.2 beschrieben und erklärt Gewalt als Resultat allgemeiner Frustrationen und Orientierungslosigkeit. Die vierte, auf Ausländer- und Fremdenfeindlichkeit zurückzuführende Motivation wurde ebenfalls an dieser Stelle hinsichtlich der Sündenbock-Erklärung erläutert. Hierzu ist weiter zu sagen, dass es sich dabei um eine „zentrale Motivation [...] aus einer ablehnenden Haltung gegenüber Ausländern bzw. Fremden" (ebd., S. 194) handelt. Diese „[...] emotionale Abneigung und [...] Fremdenfurcht, nicht aber [...] politisch verhärtete, ideologisch eingebundene Ausländerfeindlichkeit" (ebd.) werden „[...] dabei häufig von der Erwachsenenbevölkerung abgeschaut und gelernt" (ebd.), weshalb man diese Erklärung auch mit dem in 2.5.3 beschriebenen Lernen am Modell in Verbindung setzen könnte. Andere Gründe für die ablehnende Haltung gegenüber Ausländern hängen hier laut Willems mit „[...] eigenen Negativerfahrungen der Gruppen bzw. der einzelnen Angeklagten, also mit konkreten Personen und Erlebnissen [...]" (ebd.) zusammen.

Als „*Die politisch-rechtsradikale* [...]" (ebd., S. 195) definiert Willems die fünfte der von ihm unterschiedenen Motivationen, bei der es sich um eine „[...] dezidiert ideologische Motivation fremdenfeindlicher Gewalttaten [...]" (ebd.) handelt. Diese tritt als Konsequenz „[...] eines politisch verfestigten rechtsradikalen Gedankengutes, in dem der Rassismus und die Vorstellung gesellschaftlicher Bedrohung und Gefährdung durch Ausländer ihren festen Platz haben" (ebd.) auf. Bezüglich der Reaktionen der Justiz erklärt Willems eine solche Motivation dann als relevant für die entsprechende Gewalttat, „[...] wenn eine Tätigkeit bzw. ein Engagement in entsprechend ausgerichteten Parteien und Organisationen vorliegt" (ebd., S. 196).

Ein bei allen Tätern vorliegendes „[...] Gemisch von Emotionen und mehr oder minder diffusen Orientierungen und Vorurteilen" (ebd., S. 197) führt nach Willems Studie zur Ausübung von Gewalt, wobei jedoch „Verfestigte rassistische Ideologien und rechtsradikale Denkmuster [...] gegenwärtig noch in der Minderheit" (ebd.) sein sollen. „Entgegen der vor allem in der öffentlichen Diskussion häufig vorgebrachten Interpretation fremdenfeindlicher Gewalt als einer rechtsextremistischen Form der Gewalt [...]" (ebd.) betrachtet Willems die angeklagten Gewalttäter nur in den wenigsten Fällen als „[...] ideologisch im rechtsradikalen oder rechtsextremistischen Bereich verankert oder, was ihre Gruppenzugehörigkeit angeht, diesem Spektrum [...]" (ebd.) als fest verbunden. Dennoch sieht er in der fremdenfeindlich ausgerichteten Gewalt eine „[...] besondere Bedrohlichkeit, da sie einen wesentlich breiteren ‚Einzugsbereich' hat als der explizite organisierte, Rechtsradikalismus" (ebd.). Dieser wurde in seiner überbegrifflichen Gestalt als Rechtsextremismus im ersten Teil der vorliegenden Arbeit eingehend beschrieben.

2.6 Exkurs: Das Stufenmodell der Moralentwicklung nach Kohlberg

Der amerikanische Sozialpsychologe und Pädagoge Lawrence Kohlberg begründete das sogenannte Stufenmodell der Moralentwicklung, welches sein Lebenswerk und den Mittelpunkt seiner Forschungsarbeit darstellt (vgl. Garz, 1996, S. 8). Für Kohlbergs Forschung war „[...] die Verbindung von Philosophie und Wissenschaft seit Anbeginn seines wissenschaftlichen Arbeitens von zentraler Bedeutung" (ebd., S. 37). Diesen Anspruch begründete er unter anderem damit, „[...] daß eine letztlich angemessene psychologische Theorie darüber, weshalb ein Kind sich von einer Stufe zur nächsten entwickelt, und eine letztlich angemessene philosophische Erklärung dessen, weshalb eine höhere Stufe angemessener als eine niedrigere ist, ein und dieselbe Theorie bilden, die in verschiedene Richtungen ausgeweitet wird" (Kohlberg 1971 zit. nach ebd.).

Moral gilt nach Zimbardo als „[...] ein System von Glaubenssätzen und Werthaltungen, das Urteilen über richtige und falsche Handlungen zugrundegelegt wird" (Zimbardo, 1995, S. 86). Sie sichert die Erfüllung von Pflichten einzelner Gesellschaftsmitglieder gegenüber anderen Mitgliedern einer Gesellschaft (vgl. ebd.) und stellt weiter sicher, dass diese interaktive Handlungen auf solche Weise ablaufen, „[...] daß sie die Rechte und Interessen der anderen nicht verletzen" (ebd.). Die Entwicklung des entsprechenden Verständnisses einer „[...] zwischenmenschlichen Verantwortung" (ebd.) ist nach Zimbardo „[...] ein wichtiger Bestandteil der *Sozialisation*" (ebd.).

Moral im Sinne Kohlbergs bedeutet nach Garz „[...] weder die Behandlung von Fragen „des guten Lebens" noch Handlungen des Überpflichtmaßes (supererogatorische Handlungen), also z.B. die Aufopferung des eigenen Lebens zugunsten eines anderen" (Garz, 1996, S. 9), auch ist in diesem Kontext „[...] weder eine Moral der Fürsorge noch eine kommunitaristische Ethik" (ebd.) gemeint. In einer „[...] liberalistischen Tradition der Begründung von Moral [...]" (ebd. ff.) bezeichnet diese im Werk Kohlbergs „[...] Gerechtigkeit, d.h. die Wechselseitigkeit von Rechten und Pflichten" (ebd., S. 10). Kohlbergs wissenschaftliches Arbeiten war „[...] nicht nur am Symbolischen Interaktionismus orientiert [...]" (ebd., S. 42), sondern bezog ebenso „[...] strukturalistische Elemente [...]" (ebd.) mit ein.

In seinem Entwurf eines stufenartig aufgebauten Modells der Moralentwicklung griff Kohlberg dabei die von Piaget benannten Merkmale von Stufen auf, die sich qualitativ unterscheiden, hierarchisch aufgebaut und invariant geordnet sind sowie insgesamt eine strukturierte Ganzheit bilden (vgl. ebd., S. 46 ff.). Damit stehen Kohlbergs Stufen „[...] in einem systematischen Verhältnis zu Piagets Stufen des logischen Denkens [...]" (Tillmann, 1996, S. 223). Im Kohlbergschen Modell ist jede Stufe „[...] durch eine andere Grundlage für moralische Urteile gekennzeichnet" (Zimbardo, 1995, S. 87).

Kohlberg erlangte seine Ergebnisse durch die Ermittlung von „[...] Moralvorstellungen bei Heranwachsenden unterschiedlichen Alters vor allem [...]" (Tillmann, 1996, S. 223) durch die Vorlage von Konfliktsituationen und die Reaktionen der Befragten (vgl. ebd.). Diese Konflikte sind als das sogenannte Heinz-Dilemma bekannt, in dem die Frage gestellt wird, „[...] ob ein Ehemann namens „Heinz" in eine Apotheke einbrechen darf, um für seine Frau ein lebensrettendes Medikament zu stehlen [...]" (ebd.), da dies situationsbedingt den einzigen Weg zur Rettung seiner Frau darstellt (vgl. ebd.). Die Fähigkeit zum moralischen Urteil „[...] mißt sich [...] nicht nur an dem vorgeschlagenen Handlungsergebnis, sondern auch an dem Argumentationsniveau [...]" (ebd.), das die Handlungen begründet.

Im Folgenden sollen die sechs Stufen der Moralentwicklung nach Kohlberg beschrieben werden, die jeweils paarweise auf drei Ebenen verteilt sind, welche in der Originalübersetzung als Niveaus bezeichnet werden (vgl. Kohlberg, 1994, S. 26). Auf dem ersten von Kohlberg als prämoralisch definierten Niveau (vgl. ebd.) befinden sich die durch „Orientierung an Strafe und Gehorsam" (ebd.) gekennzeichnete Stufe 1 sowie die als „Naiver instrumenteller Hedonismus" (ebd.) charakterisierte Stufe 2. Auf Stufe 1 wird die Motivation zu moralischem Handeln bzw. zur Einhaltung von Regeln durch die dadurch bedingte Vermeidung einer Strafe erklärt (vgl. ebd., S. 27), während auf Stufe 2 die Ursache für konformes Verhalten durch die Erwartung oder den Anreiz einer darauf folgenden Belohnung gesehen wird (vgl. ebd.). Das erste Niveau wird auch als präkonventionelle Ebene (vgl. Garz, 1996, S. 55) oder präkonventionelle Moral (vgl. Zimbardo, 1995, S. 87) bezeichnet.

Auf dem nachfolgenden Niveau 2 liegen die Stufen 3 und 4 (vgl. Kohlberg, 1994, S. 26). Menschen, die sich auf Stufe 3 des Modells befinden, versuchen die Aufrechterhaltung guter Beziehungen und die Anerkennung anderer Gesellschaftsmitglieder in den Mittelpunkt ihrer Interaktion zu stellen (vgl. ebd.), weswegen dieser moralische Level von Kohlberg als „Goodboy morality" benannt wurde (vgl. ebd.). Auf Stufe 3 versucht das Individuum durch den Einsatz konformen Verhaltens „die Mißbilligung und die Abneigung der anderen zu vermeiden (ebd., S. 27). Die vierte Stufe wird als „Moral der Aufrechterhaltung von Autorität" (ebd., S. 26) bezeichnet und beinhaltet Rollenkonformität, die durch Kritikvermeidung seitens legitimer Autoritäten und daraus resultierender Schuldgefühle motiviert ist (vgl. ebd., S. 27). Kohlberg spricht bezüglich des zweiten Niveaus von der „Moral der konventionellen Rollenkonformität" (ebd., S. 26), Garz definiert dieses als die konventionelle Ebene (vgl. Garz, 1996, S. 55). Es gilt als gesichert, dass „Die Stufen 1 bis 3 [...] von allen Menschen im Laufe einer normalen kognitiven Entwicklung erreicht [...]" (Zimbardo, 1995, S. 88) werden, wobei „[...] viele Erwachsene [...] nie bis zur Stufe 4 und nur wenige darüber hinaus" (ebd.) gelangen.

Die Stufen 5 und 6 sind auf dem von Kohlberg als „Moral der selbstakzeptierten moralischen Prinzipien" (Kohlberg, 1994, S. 26) bezeichneten dritten Niveau angesiedelt, das auch als postkonventionelle Ebene gilt (vgl. Garz, 1996, S. 55). Stufe 5 wird dabei durch die „Moral des Vertrags, der individuellen Rechte und des demokratisch anerkannten Gesetzes/Rechtssystems" (Kohlberg, 1994, S. 26) charakterisiert und betrifft die Individuen, welche am sozialen Vertrag orientiert (vgl. Garz, 1996, S. 55) „[...] im Sinne des allgemeinen Wohlergehens [...]" (Kohlberg, 1994, S. 27) urteilen. Die Begründung moralischen Handelns liegt hier im Wohl der Gesellschaft (vgl. Zimbardo, 1995, S. 87). Die von Kohlberg als „Moral der individuellen Gewissensprinzipien" (Kohlberg, 1994, S. 26) definierte sechste Stufe des Modells beschreibt die Begründung zur Regelentsprechung in der Vermeidung von Selbstverurteilung (vgl. ebd., S. 27). Diese Stufe ist „An universellen ethischen Prinzipien orientiert" (Garz, 1996, S. 55).

Kohlberg behauptete, dass sich die sechs Stufen seines Entwicklungsmodells in allen Kulturen wiederfinden, wonach sie folglich universell gültig seien (vgl. Zimbardo, 1995, S. 88). Nach Bracht geht es „Im Kern [...] auf Stufe 6 um universale Prinzipien der Gerechtigkeit, Gegenseitigkeit und Gleichheit menschlicher Rechte sowie der Achtung vor der Würde der Menschen als individuelle Personen" (Bracht, 1994, S. 134). Hinsichtlich des in allen Gesellschaften wenn auch unterschiedlich bestimmten, so aber doch grundlegenden Werts des menschlichen Lebens (vgl. Kohlberg, 1994, S. 27), soll nachfolgend ein gesonderter Blick auf die Definition der sechs Stufen hinsichtlich dieses Werts geworfen werden.

Auf der ersten Stufe des Kohlbergschen Modells wird der Wert eines menschlichen Lebens mit dem materieller Objekte verwechselt sowie der soziale Status oder das äußere Erscheinungsbild eines Menschen als Wertungsfaktoren für dessen Leben herangezogen (vgl. ebd.). Hier werden „[...] moralische Anforderungen strikte nach den Buchstaben und nicht nach dem Sinn [...]" (Garz, 1996, S. 56) verstanden. Stufe 2 definiert den Wert eines menschlichen Lebens nach Kohlberg „[...] instrumentell in seiner Bedeutung für die Bedürfnisbefriedigung seines Trägers oder anderer Personen [...]" (Kohlberg, 1994, S. 28). Nach Garz wird folglich auf Stufe 2 trotz der primär angestrebten eigenen Bedürfnisbefriedigung „[...] den anderen das Recht zugestanden, Interessen anzumelden und Bedürfnisse einzufordern" (Garz, 1996, S. 57). Man könnte diese Bewertung menschlichen Lebens mit der eines rechtsextremistischen Politikers vergleichen, der Minderheiten das Grundrecht auf Leben zugesteht, solange sie dieses in ihrem angeblich natürlich angestammten nationalen Territorium leben, aber nicht in den geographischen Grenzen eines anderen Staats.

Stufe 3 definiert den Wert eines menschlichen Lebens beruhend „[...] auf der Empathie oder der Zuneigung der Familienmitglieder und anderer Personen für seinen Träger" (Kohlberg, 1994, S. 28). Die Moralität dieser Stufe bezieht sich dabei primär auf „[...] die Familie oder die Gruppe der etwa gleichaltrigen Freunde und Bekannten (peers)" (Garz, 1996, S. 58). Auf der vierten Stufe wird „Das Leben [...] im Rahmen seiner Stellung in einer kategorischen moralischen oder religiösen Ordnung von Rechten und Pflichten als heilig betrachtet" (Kohlberg, 1994, S. 28). Diese Stufe „[...] konzentriert sich auf das moralische Verhältnis zum umfassenden sozialen System" (Garz, 1996, S. 59) und repräsentiert somit die Ablösung der subjekt-subjekt-bezogenen Moral der dritten Stufe zu einer subjekt-systembezogenen (vgl. ebd.).

Auf der ersten Stufe der postkonventionellen Ebene, der Stufe 5, wird „Das Leben [...] gleichermaßen in seiner Beziehung zum Wohlergehen der Allgemeinheit und als ein universelles Menschenrecht bewertet" (Kohlberg, 1994, S. 28). Das Individuum bewertet hier aus einer „[...] der Gesellschaft vorgeordneten Perspektive [...]" (Garz, 1996, S. 60). Die Begründung eines Medikamentendiebstahls geschieht auf dieser Stufe durch die damit verbundene Rettung eines menschlichen Lebens, auch wenn dafür in dieser Episode des Heinz-Dilemmas ein Regelbruch begangen werden muss, da der Apotheker bestohlen wird (vgl. ebd.). Folglich wird auf Stufe 5 „Der gruppen- oder staatsbezogene Standpunkt der *Binnenmoral* [...] durch den Gedanken der *Freiheitsrechte aller Menschen* und durch die Forderung der Begründung des Rechts durch *freie Verträge* überschritten" (Apel 1986 zit. nach ebd.). Dies bedeutet folglich, dass für Menschen, die sich auf der Kohlbergschen Stufe 5 befinden, der Wert eines menschlichen Lebens vor dem materiellen Wert von Besitz und Gütern liegt (vgl. ebd.). Die sechste Stufe der Moralentwicklung nach Kohlberg betrachtet Leben als heilig, womit auf dieser Stufe ein „[...] universeller menschlicher Wert der Achtung für das Individuum [...]" (Kohlberg, 1994, S. 28) repräsentiert wird. Wer sich auf dieser Entwicklungsstufe befindet, orientiert sein Handeln „[...] an universellen moralischen Prinzipien, die die fünfte Stufe umfassen und ermöglichen, daß die Gesetzes- und Vertragsansprüche dieser Stufe aus ihnen abgeleitet werden können [...]" (Garz, 1996, S. 61). Diese Stufe konnte aus sozialwissenschaftlicher Perspektive innerhalb der Forschung Kohlbergs bisher nicht nachgewiesen werden (vgl. ebd., S. 62).

Teil 3 Pädagogische Interventionsmöglichkeiten und aktuelle Projekte

Pädagogische Maßnahmen dienen der Intervention oder Prävention und sind in einem Kontext von „Jugendarbeit, die rechtsextremistische Tendenzen unter Jugendlichen als Problem ansieht [...] trotz zahlreicher Konzepte zur Prävention immer noch vorrangig reaktiv tätig [...]" (Heitmeyer, 1995, S. 199). Da ein solche Jugendarbeit „[...] die schleichende Verallgemeinerung des Problems [...]" (ebd.) nicht sieht oder „[...] zumindest dazu bisher keine Zugänge gefunden" (ebd.) hat, soll in diesem Teil der Arbeit eine Auswahl der Möglichkeiten vorgestellt werden, welche pädagogisch angewandt werden können, um durch Erziehung, Aufklärung und Prävention nicht nur ein erstmaliges oder tieferes Abgleiten junger Menschen in rechtsextremistische Denkmuster, sondern auch gewaltorientiertes Denken und Handeln vor seiner Entstehung zu verhindern. Dabei sollen schulbezogene Möglichkeiten und ein Ansatz der Jugendarbeit beschrieben werden, denen eines gemeinsam ist: Die Vermeidung gesellschaftlicher Desintegration sowie eine pädagogische Zielsetzung der Toleranz und Vermittlung einer interkulturellen Normalität, welche die gelungene Integration aller Beteiligten ermöglicht.

3.1 Pädagogische Präventions- und Interventionsmöglichkeiten

Zunächst sollen die Begriffe der Intervention und der Prävention anhand jeweils einer Definition geklärt werden. Bei Intervention handelt es sich um ein „[...] bewusstes, zielgerichtetes Eingreifen, das in fünf Schritten abläuft [...]" (Reinhold/Pollack/Heim [Hg.], 1999, S. 277). Bei diesen Schritten handelt es sich um die Erfassung des Problems, die Informationssammlung, Auswahl der Methode und deren Anwendung sowie der Auswertung der Maßnahme (vgl. ebd.). Nach dieser Definition ist eine intervenierende pädagogische Maßnahme „[...] auf eine Veränderung von Verhaltensweisen und Persönlichkeitsmerkmalen von Individuen oder von Strukturen, Normen und sozioökonomischen Bedingungen (sozialer) Felder [...]" (ebd.) ausgerichtet.

Eine Prävention meint nach pädagogischem Verständnis die getroffenen Maßnahmen, „[...] die entweder das Auftreten von unerwünschten Entwicklungen verhindern oder aber den schon eingetretenen unerwünschten Entwicklungen durch ein frühzeitiges Erfassen und Intervenieren entgegenwirken oder zumindest deren zusätzliche Folgen vermeiden oder ausgleichen sollen" (Meyers Lexikonredaktion, 1988, S. 312). Man unterscheidet dabei zwischen drei Arten von Prävention. Eine primäre Prävention wird intervenierend bereits vor dem Auftreten einer unerwünschten Entwicklung vollzogen (vgl. ebd.), von sekundärer Prävention ist im Rahmen aller „[...] Maßnahmen zur Früherkennung und früher Intervention bei schon eingetretenen unerwünschten Entwicklungen [...]" (ebd.) die Rede, und tertiäre Prävention meint Abwehr oder Abmilderung von „[...] Nachfolgeschäden eines schon eingetretenen Defekts oder unerwünschten Zustands durch Intervention [...]" (ebd.).

Gerade bezüglich eines Rechtsextremismus, dessen latente Gefährlichkeit in den letzten Jahren eine Art Metamorphose vom organisationsbezogenen Politunderground zu einer gewaltbereiten und vor allem in Ostdeutschland überall stark präsenten Jugend(sub)kultur erlebt zu haben scheint, kommen „Für die Prävention [...] auf Schule und Jugendarbeit große Aufgaben zu" (Freise: Fremdenfeindlichkeit und Rechtsextremismus bei deutschen Jugendlichen. In: jugend & Gesellschaft 1/2001, 2001, S. 10). Man könnte davon ausgehen, dass es sich hierbei im Rahmen schulischer Möglichkeiten um primäre, im negativen Fall um sekundäre Prävention handeln müsste. Eine tertiäre Prävention könnte der Jugendarbeit zukommen, auf deren Möglichkeiten im Rahmen eines gerechtigkeitsorientierten Ansatzes in 3.1.2 eingegangen werden soll.

3.1.1 Schulbezogene Möglichkeiten

Wir müssen [...] ein hohes Interesse daran haben, daß jeder unserer Mitbürger in seiner moralisch-demokratischen Urteilsfähigkeit bestmöglich gefördert wird, damit ein Höchstausmaß an sozialer Verantwortung und einvernehmlicher Konfliktlösung in unserer Gesellschaft erreicht wird und erhalten bleibt. Hier liegt so etwas wie die moralische Aufgabe der Schule" (Harecker, 2000, S. 67).

Neben der Vermittlung von Werten und Wissen werden der Schule in einer aktuellen Debatte Sozialisationsaufgaben zugeschrieben (vgl. Arnold: Sozialpsychologische Beiträge zur Diskussion um die Zukunft der Schulen in Deutschland. In: Dynamik 1/2001, 2001, S. 76). Diese Aufgaben kämen insbesondere zum Tragen, „[...] wenn es um problematische Verhaltensweisen von Kindern und Jugendlichen geht, z.B. um Gewalttätigkeit [...] oder Ausländerfeindlichkeit" (ebd.). In solchen Problemsituationen „[...] sehen sich Schulen und Lehrkräfte unter besonderem Handlungszwang, haben aber gleichzeitig nicht selten den Eindruck, den Problemen hilflos gegenüberzustehen" (ebd.).

An den Schulen könnte demnach ein intensiver Austausch und ein unvoreingenommenes gegenseitiges Kennenlernen der verschiedenen in Deutschland existenten Kulturen stattfinden, „Wenn sich die Schule nicht ausschließlich als Einrichtung zur Wissensvermittlung definiert, sondern sich auch als Lebensraum und Begegnungsort begreift [...]" (Freise: Fremdenfeindlichkeit und Rechtsextremismus bei deutschen Jugendlichen. In: jugend & Gesellschaft 1/2001, 2001, S. 10). Auf diese Weise „[...] können Prozesse des sozialen Lernens zum Abbau von Vorurteilen führen und das Entstehen von Fremdenfeindlichkeit verhindern" (ebd.). Nach Schuster „[...] muss eine entwicklungsorientierte Erziehung Lernfelder schaffen und Methoden einsetzen, die die dichte Interaktion unter Schülern begünstigt" (Schuster: Von der Theorie zur Praxis – Wege zur unterrichtspraktischen Umsetzung des Ansatzes von Kohlberg. In: Edelstein/Oser/Schuster [Hg.], 2001, S. 185). Auf eine solche Erziehung, ihre Rahmenbedingungen und Handlungskonsequenzen für die Schule soll im Folgenden eingegangen werden.

Ein weitreichender und vieldiskutierter Ansatz der schulbezogenen Prävention von Gewalt ist die Forderung nach einer Vertiefung der moralischen Erziehung in der Schule. Uhl spricht in diesem Zusammenhang von „[...] der Wiederbelebung der moralischen Unterweisung in der Schule („erziehender Unterricht") [...]" (Uhl: Auf den Rahmen kommt es an. In: jugend & Gesellschaft 1/2001, 2001, S. 11) sowie von der „[...] Förderung der Wertungsklarheit und der moralischen Urteilsfähigkeit nach Kohlberg [...]" (ebd.). Ausgehend von dem in 2.6 beschriebenen Stufenmodell der Moralentwicklung nach Kohlberg, einer „[...] Zusammenführung von interaktionistischen und kognitivistischen Theoriestücken" (Tillmann, 1996, S.

228), entwickelt sich das moralische Urteilsvermögen von „[...] der „natürlichen Identität" des kleinen Kindes (präkonventionelle Moral) über die „Rollenidentität" des Schulkindes (konventionelle Moral) bis zur „Ich-Identität" des jungen Erwachsenen (postkonventionelle Moral) [...]" (ebd.). Harecker betrachtet die Schule als „[...] enorm wichtig für die moralisch-kognitive Entwicklung" (Harecker, 2000, S. 60), da sie als pädagogische Institution den Jugendlichen „[...] zum ersten Mal nachdrücklich mit der Tatsache konfrontiert, daß er Teil einer Gesellschaft und Teil der Menschheit ist" (ebd.).

Nach Harecker hängt die moralische Entwicklung „[...] von einer die kognitive Struktur beeinflussenden Stimulierung ab" (ebd., S. 57). Harecker begründet die nicht abgeschlossene moralische Entwicklung, wie man sie bspw. einem gewalttätigen postadoleszenten Straftäter mit rechtsextremistischem Hintergrund unterstellen könnte, mit dem „[...] Fehlen von kognitiver Stimulation, die für die Ausbildung des formallogischen Denkens notwendig wäre [...]" (ebd.), weist jedoch über diese stimulierenden Faktoren hinaus eine größere Bedeutung „[...] der allgemeinen sozialen Erfahrung" (ebd.) zu. In diesem Kontext spricht Harecker von „Möglichkeiten zur Rollenübernahme" (vgl. ebd.), da ohne eine solche die Kompetenz zum moralischen Urteilen nicht möglich sei (vgl. ebd.).

Kohlberg selbst formulierte die Notwendigkeit einer Stimulierung für die Moralentwicklung und forderte eine „[...] Stimulierung [...], die man kognitiv-strukturell aufschlüsseln kann, die aber auch eine soziale Stimulierung sein muss [...]" (Kohlberg: Moralstufen und Moralerwerb Der kognitiv-entwicklungstheoretische Ansatz (1976)*. In: Edelstein/Oser/Schuster [Hg.], 2001, S. 52). Demnach sollte die von Kohlberg angesprochene Stimulierung durch „[...] soziale Interaktion, moralische Entscheidungen, moralischen Dialog und moralisches Miteinander zu Stande [...]" (ebd.) kommen. Auf die damit verbundenen und von Kohlberg als „[...] Rollenübernahme-Gelegenheiten genannten Faktoren der sozialen Erfahrung und Anregung" (ebd. ff.) soll u.a. im Folgenden eingegangen werden.

Kohlbergs Ansatz kann demnach, „[...] wenn kompetent in erzieherisches Handeln umgesetzt, wesentlich zur Förderung der moralisch-demokratischen Urteilskompetenz von Schülern [...] beitragen und damit letztlich auch der Festigung und Weiterentwicklung der Demokratie in unserer Gesellschaft dienen [...]" (Harecker, 2000, S. 59). Es gilt folglich, nicht moralische Dilemmata in die schulische Realität zu übertragen, sondern ihre Begründungen und Perspektiven zu diskutieren (vgl. ebd., S. 58). Hierbei kann „[...] die Schule mit dem Versuch einer Förderung ansetzen [...], denn Förderung bedeutet eben gerade nicht eine Vermittlung bestimmter Inhalte, sondern das Schaffen von Bedingungen, die die Entwicklung von Begründungsstrukturen vorantreiben [...]" (ebd. ff.). Harecker definiert diesen Prozess als „[...] Diskussion moralischer Dilemmata, in der Konfrontation mit konträren Orientierungen und Argumenten oder bei der Lösung konkreter Konflikte" (ebd., S. 59). Erzieher und Lehrer sollten dabei nach Hareckers Vorstellungen eine unterstützende und beratende Funktion ausüben (vgl. ebd., S. 59 ff.), um „[...] dem Heranwachsenden zu helfen, die bestehenden Regeln der Gesellschaft zu verstehen, sie selbständig auzuwenden und sich an dem politischen Diskurs über Änderungen zu beteiligen" (ebd.)[14]. Hierfür sollte das Ziel der Erziehung nicht im krampfhaften Übertragen von Prinzipien, sondern im Gewähren einer individuellen Entwicklung dieser Prinzipien und nicht zuletzt der Fähigkeit zur Anwendung derselben liegen, was ganz der Idee Kohlbergs entspräche (vgl. ebd., S. 60).

Die Vorschläge bezüglich einer verstärkten Umsetzung der schulischen Förderung moralischer Entwicklung nach Kohlberg richten sich „[...] vor allem auf Probleme der Sekundarschule und die entsprechenden Jugendprobleme [...]" (Edelstein: Gesellschaftliche Anomie und moralpädagogische Intervention – Moral im Zeitalter individueller Wirksamkeitserwartungen. In: Edelstein/Oser/Schuster [Hg.], 2001, S. 19). Im Gegensatz zu Grundschülern, die „[...] entwicklungsspezifisch von anderen, nämlich kindlichen Voraussetzungen der Bewusstheit und der Identität bestimmt sind und folglich mit anderen Einstellungen zur Schule gehen [...]" (ebd.), stehen die Jugendlichen der Sekundarstufe wie in 2.1 dargestellt den „[...] Entwicklungsaufgaben der Identitätsbildung und des Erwerbs formaler Denkfähigkeiten [...]" (ebd.) gegenüber.

„[...] Programme, bei denen über den Unterricht hinausgegangen und soziale Dienste, die Pflege einer in normativer Hinsicht anspruchsvollen Gemeinschaft und andere prosoziale Aktivitäten als Erziehungsmittel einge-

---

14 Schreibfehler (auzuwenden) aus Quelle übernommen

setzt werden" (Uhl: Auf den Rahmen kommt es an. In: jugend & Gesellschaft 1/2001, 2001, S. 12), stellen für Uhl positive Signalgeber bezüglich einer moralischen Erziehung in der Schule dar, da er in sogenannten Wertklärungs- und Gesprächsprogrammen keine erkennbare Wirkung auf betroffene Jugendliche sieht (vgl. ebd.), und diese Programme bei den Adoleszenten „[...] bestenfalls zu einer geringen Zunahme der Urteilsfähigkeit führen" (ebd.). Optimistisch zeigt sich Uhl bezüglich der Erfolgsaussichten pädagogischer Programme, welche den theoretischen Teil der Unterweisung mit Anleitungen zur praktischen Umsetzung kombinieren, welche also auch die Handlungsorientierung lehren und fördern (vgl. ebd.). Uhl sieht die Chance solcher Programme in der daraus resultierenden Stärkung einer Kombination guter Gewohnheiten und der Motivation zum normkonformen Handeln beim Einzelnen (vgl. ebd.). Hier könnte man einen Bogen zu den genannten Rollenübernahme-Möglichkeiten nach Kohlberg spannen, da sich „Die soziale Erfahrung [...] vom Umgang mit Dingen [...]" (Kohlberg: Moralstufen und Moralerwerb Der kognitiv-entwicklungstheoretische Ansatz (1976)*. In: Edelstein/Oser/Schuster [Hg.], 2001, S. 53) dadurch unterscheidet, „[...] dass sie Rollenübernahme einschließt [...]" (ebd.).

Rollenübernahme bedeutet nach Kohlberg die Möglichkeit, sich in die Handlungen und Sichtweisen anderer Menschen hinein zu versetzen (vgl. ebd.), man „[...] vergegenwärtigt sich ihre Gedanken und Gefühle, versetzt sich in ihre Lage" (ebd.). Der Begriff der Rollenübernahme vereint die kognitiven wie die affektiven Gesichtspunkte (vgl. ebd.), er beinhaltet eine „[...] strukturelle Beziehung zwischen Selbst und anderen [...]" (ebd.), er misst den Erfordernissen nach dem Verständnis aller Rollen in einer Gesellschaft besondere Bedeutung bei (vgl. ebd.) und unterstreicht, „[...] dass sich Rollenübernahme in allen sozialen Interaktionen und Kommunikationssituationen [...]" auch jenseits von Sympathie oder Empathie vollzieht (vgl. ebd.). Man könnte daraus schließen, dass das Lernen und Entwickeln von gesellschaftsrelevanten Rollenübernahmen außerhalb der Familie unmittelbar mit dem Beziehungsgeflecht innerhalb einer Schulgemeinschaft und ihrer Lernsysteme zusammenzuhängen bzw. dort zu beginnen scheint.

Harecker schlägt vor, das „Beurteilen nach „Richtig" und „Falsch" [...]" (Harecker, 2000, S. 61), welches „[...] im geläufigen Lehrerdenken fest verankert" (ebd.) ist, umzuwandeln in eine Wahrnehmung in das, „[...] was

„ist" und was aus dem „Ist-Zustand" werden kann" (ebd.). Die Persönlichkeit der beteiligten Individuen rückt damit die Frage nach der erwarteten und zu bewertenden Reaktion in den Hintergrund (vgl. ebd.), was Lehrkräfte dazu motivieren soll, „[...] Beziehungen aufzunehmen, anstatt immerfort zu erziehen" (ebd.). Nach Harecker sind die Schulsysteme an sich die Ursache des Problems, da ihre Regeln und Strukturen nicht den Lebensbedürfnissen der beteiligten Jugendlichen und ihrer Lehrer angepasst seien (vgl. ebd.). Folglich fordert Harecker im Sinne der Überwindung eines Schulsystems, welches entwicklungsstörend wirkt (vgl. ebd.), „[...] sich emanzipierende Lehrerinnen und Lehrer [...] vereint mit Schülern und Eltern" (ebd.).

Reich beschreibt die notwendigen Kompetenzen, die sie von entsprechenden Pädagoginnen und Pädagogen erwartet. Nach ihren Vorstellungen müssen sie „[...] die v.a. informell geltenden (politischen) Werte, Regeln und Normen in den Jugendszenen wahrnehmen; sie sind VertreterInnen einer Gesellschaft, die ihren Widerstand gegen jede Form rechtsradikaler Artikulation klar und offen äußert; und sie bieten Lernräume an, in denen SchülerInnen Erfahrungen mit der Unterschiedlichkeit und der Gleichwertigkeit aller Menschen machen können" (Reich: Mit Kompetenz und Engagement. In: jugend & Gesellschaft 1/2001, 2001, S. 16). Für Reich geht es bezüglich der schulbezogenen Möglichkeiten im präventiven Umgang mit rechtsextremen Orientierungen grundsätzlich „[...] um eine Auseinandersetzung um die normative Richtschnur individuellen und gesellschaftlichen Verhaltens und damit um die Wertmaßstäbe für „gut" und „böse", für „richtig" und „falsch"" (ebd.). Dabei spricht sie auch von einer gewissen Bewertungsneutralität der schulischen Lernwelt, da diese sowie ihre lernenden und lehrenden Mitglieder „[...] nicht per se besser oder schlechter als die sie umgebende Gesellschaft" (ebd.) seien. Die alltäglichen Wertbilder der am schulischen Prozess beteiligten Individuen, die Reich als „[...] Lebenserfahrungen, Erkenntnisse, Meinungen und Handlungsorientierungen [...]" (ebd.) bezeichnet, werden in den Schulalltag transportiert und müssten demnach in den Prozess der demokratisch orientierten „[...] Erziehung und Bildung der heranwachsenden Bürger/innen" (ebd.) hinsichtlich „[...] der demokratischen Idee von der Gleichheit aller Menschen, der gleichen Würde, der Toleranz, die auch Zumutungen und Überwindungen kostet, sowie die Ablehnung von Gewalt und die Durchsetzung friedlicher Konfliktlösungen" (ebd.) miteinbezogen werden.

Wie sollten jedoch konkrete Unterrichtsmodelle aussehen, welche all diese Forderungen in eine pädagogische Realität umsetzen? Schuster spricht von der Nichtpassivität des Individuums in moralischer Hinsicht und von dessen anerkannter aktiver Rolle als Subjekt (vgl. Schuster: Von der Theorie zur Praxis – Wege zur unterrichtspraktischen Umsetzung des Ansatzes von Kohlberg. In: Edelstein/Oser/Schuster [Hg.], 2001, S. 177). Nach dieser Vorgabe wird es für die Pädagogik bedeutsam, dass eine Moralerziehung nach Kohlberg die Mitte sucht zwischen der Logik nach Piaget, die das jugendliche Individuum bereits entwickelt hat und der, die es im Verlaufe der Adoleszenz bis hin zum Erwachsenen entwickeln wird (vgl. ebd.). So werden Jugendliche „[...] in ihrer Urteilsfähigkeit ernst genommen" (ebd.) und erhalten dabei die unterstützende Hilfestellung Erwachsener, „[...] die sie in der Entwicklung zu einem komplexeren Verständnis von Moral herausfordernd begleiten" (ebd.).

Hierbei könnte der von Kohlberg selbst vertretene sogenannte progressive Ansatz der Moralerziehung hilfreich sein (vgl. ebd., S. 178). Dieser „[...] *progressive* oder *entwicklungsorientierte* Ansatz [...]" (ebd.) zielt pädagogisch „[...] nicht auf die Vermittlung moralischer Werte und Regeln ab, sondern konzentriert sich auf den Aufbau moralischer Urteilskompetenzen" (ebd.). Kohlbergs Entwicklungstheorie von Moral bezieht sich auf die unterschiedlichen Entwicklungslevels ihrer Träger (vgl. ebd.) und besitzt somit als „[...] Kern [...] für diesen Ansatz das Prinzip der Gerechtigkeit" (ebd.). Die moralische Entwicklung von Menschen ist abhängig vom Intensitätsgrad der ihnen gebotenen sozialen Interaktionsmöglichkeiten zu moralischen Fragestellungen (vgl. ebd.). Demnach ist „Die Förderung der Komplexität des Verstehens [...] also möglich [...]" (ebd.), indem solche Möglichkeiten geschaffen und angeboten werden (vgl. ebd.). Soziale Konflikte können zu effektiven Lernsituationen im Sinne Kohlbergs transformiert werden, wenn alle Betroffenen die Chance auf eine Meinung erhalten; Schuster nennt hierfür das konkrete Beispiel einer Rangelei auf dem Pausenhof, die statt durch Androhung einer Strafe durch das fordernde Befragen der beteiligten Schüler nach einer fairen Problemlösung durch den Lehrer entwicklungsfördernd geschlichtet werden könnte (vgl. ebd.). Für Schuster macht solches pädagogisches Handeln ein Lernen möglich, worunter er „[...] die Veränderung bestehender Wahrnehmungs- und Erklärungsmuster in Richtung auf ein umfassendes Verstehen durch aktive Auseinandersetzung des Einzelnen mit seiner Umwelt" (ebd.) versteht.

Die weiter oben erwähnten moralischen Konfliktsituationen sollten dabei nach Schusters Vorstellungen „[...] kognitiv zielgerichtet und planvoll [...]" (ebd., S. 191) im Unterricht erzeugt werden, da sie im schulischen Alltag untergehen, oder sie in ihrer ausagierten Form als Störfaktor betrachtet und durch Heranziehung von Regeln vom Lehrer abgearbeitet werden (vgl. ebd.). Das Ziel einer künstlich erzeugten moralischen Konfliktsituation ist „[...] die Entwicklung einer Moral, die den Einzelnen zu selbstständigem Denken, Entscheiden und Handeln befähigt (vgl. ebd.). Hierzu muss gesagt werden, dass eine „[...] entwicklungsorientierte Erziehung auf die Übereinstimmung von Denken und Handeln" (ebd., S. 188) achtet, indem sie Unterrichtsroutine und moralische Dimension trennt (vgl. ebd., S. 189).

Schuster nennt vier Formen, Kolhbergs Ansatz in die Schule zu übertragen, wobei er sich auf Oser bezieht (vgl. ebd., S. 191). Die erste Form ist dabei die bereits mehrfach genannte „[...] Diskussion soziomoralischer Dilemmata im Unterricht" (ebd.). Die zweite Form wird als „[...] Dilemma-Methode [...]" (ebd.) bezeichnet und bezieht durch das Aufspüren moralrelevanter Themen den Moralerziehungsansatz in die methodische Bearbeitung von Inhalten, die den Unterricht betreffen, mit ein (vgl. ebd.). Ein Einführen und Einrichten speziell der Moralerziehung dienender Kurse gilt für Schuster als dritte Form, während die „[...] Einrichtung einer „Gerechten Schulgemeinschaft", in der Strukturen des Lern- und Erfahrungsfelds Schule von Schülern und Lehrern gemeinsam nach Gerechtigkeitsprinzipien transformiert werden" (ebd. ff.), die vierte Form darstellt. Im Folgenden soll die Methode der Dilemma-Diskussion und die sogenannte Gerechte Schulgemeinschaft nach Oser und Althof (vgl. Oser/Althof: Die Gerechte Schulgemeinschaft: Lernen durch Gestaltung des Schullebens*. In: Edelstein/Oser/Schuster [Hg.], 2001, S. 233) dargestellt werden, bezüglich der Formen 2 und 3 sollen hier keine weiteren Beschreibungen als die genannten Definitionen angeführt werden.

Die Methode der Dilemma-Diskussion entstand in den sechziger Jahren als eine Unterrichtsform, die auf das sogenannte sokratische Gespräch[15] zu-

---

15 In den von Platon überlieferten Dialogen, die Sokrates mit Athener Bürgern führte, legte dieser durch Befragung Widersprüche offen und verunsicherte damit seine Gesprächspartner, die auf diese Weise ohne Belehrung zur Erkenntnis geführt wurden, d.h. sie lernten, obwohl sie die nötigen Kenntnisse bereits besaßen (vgl. Schuster: Von der Theorie zur Praxis – Wege zur unterrichtsprakti-

rückgeht (vgl. Schuster: Von der Theorie zur Praxis – Wege zur unterrichtspraktischen Umsetzung des Ansatzes von Kohlberg. In: Edelstein/Oser/Schuster [Hg.], 2001, S. 192). Durch diese Methode können nach Kohlberg „[...] kognitiv-moralische Konflikte [...]" (ebd.) erzeugt werden, deren bewusstes Wahrnehmen entwicklungsstimulierend wirkt (vgl. ebd.), also der bereits angesprochenen Forderung Kohlbergs und anderer nach einer solchen Stimulation in der Lernwelt nachkommt. In der Darstellung verschiedener „[...] Problemgeschichten [...]" (ebd.) gerät der Protagonist „[...] in einen unausweichlichen Wertekonflikt [...]" (ebd.). Die in Frage kommenden Handlungsentscheidungen werden von den Schülern diskutiert (vgl. ebd.), wobei „[...] der Handlungsrahmen nicht verändert werden [...]" (ebd.) kann. Die Entscheidung der Schüler muss also wertorientiert ausfallen (vgl. ebd.). Im Sinne einer moralisch relevanten Dilemma-Diskussion im Schulunterricht kann das wie in 2.6 erwähnte aus Kohlbergs Forschung bekannte Heinz-Dilemma in adaptierten Versionen verwendet werden (vgl. ebd.), da es ein typisches Beispiel für eine mögliche Entscheidung darstellt, die einen wichtigen Wert verletzen kann, da hier verschiedene Werte konkurrieren (vgl. ebd.). Das Setzen von Prioritäten bezüglich solcher Werte obliegt den Schülern in der Diskussion, „Die Aufgabe des Lehrers (bzw. Diskussionsleiters) besteht darin, einen motivierenden Einstieg in das Entscheidungsproblem zu schaffen, „sokratisch" nachzufragen, das Gespräch unter den Schülern zu fördern und sich mit seiner Meinung zurückzuhalten" (ebd., S. 193).

Man unterscheidet hinsichtlich einer Dilemma-Diskussion vier unterschiedliche moralische Dilemmata (vgl. ebd.). Neben dem hypothetischen Dilemma, bei dem es sich „[...] um eine fiktive Geschichte, in der ein Wertkonflikt eindeutig und zugespitzt dargestellt ist" (ebd.), handelt, existieren das semi-reale und das fachspezifische Dilemma sowie der Realkonflikt (vgl. ebd.). Das fachspezifische Dilemma beinhaltet „[...] Wertkonflikte, die sich aus dem Bereich des jeweiligen Fachs herleiten lassen" (ebd., S. 194) und demonstriert den Schülern, „[...] dass Menschen in unterschiedlichen Epochen und Kontexten Wertentscheidungen treffen mussten und müssen [...]" (ebd.). Das semi-reale Dilemma entstammt der Lebenswelt der Schüler, wird dabei aber von fiktiven Personen gestaltet (vgl. ebd.). Daher kann es als „[...] erfahrungsnah [...]" (ebd.) beschrieben

---

schen Umsetzung des Ansatzes von Kohlberg. In: Edelstein/Oser/Schuster [Hg.], 2001, S. 192)

werden, da die fiktiven Personen des konstruierten Konflikts den Peergroups der Schüler entstammen können (vgl. ebd.). Durch den fiktiven Charakter des Konflikts fällt der Handlungsdruck von den Schülern, „[...] an selbst erlebte Konfliktsituationen anzuknüpfen" (ebd.), ihr Blick wird folglich „[...] auf den Wertkonflikt gelenkt" (ebd.).

Ein Realkonflikt ist „[...] unmittelbar den Alltagserfahrungen des Schülers entnommen oder stellt eine Dramatisierung von Schülerberichten zu selbst erlebten Konfliktsituationen dar" (ebd.). Schuster nennt bezüglich dieses Dilemma-Typs das Beispiel der Gewaltanwendung zweier Jugendlicher, die vor den Augen einer Freundin deren Mitschüler verprügeln, welcher eine andere Hautfarbe trägt (vgl. ebd.). Schuster versucht zu verdeutlichen, dass sich der Realkonflikt „[...] der Vieldeutigkeit alltäglicher sozialer Erfahrungen [...]" (ebd.) annähert und Schülern das gemeinsame Erarbeiten gerechter Lösungen für solche real möglichen Probleme erleichtert (vgl. ebd.). In der Diskussion eines Realkonflikts sind nach Schuster Engagement und emotionale Beteiligung zu erwarten (vgl. ebd.), wobei seitens der Schüler durchaus „[...] defensive Rechtfertigungsstrategien [...]" (ebd.) formuliert werden, was „[...] eine konzentrierte Bearbeitung des Konflikts unter moralischen Gesichtspunkten beeinträchtigt" (ebd.). Für den Einsatz solcher Realkonflikte muss nach Schuster die Fähigkeit bei Schülern und Lehrern vorhanden sein, moralrelevante Situationen wahrzunehmen (vgl. ebd., S. 195). Des weiteren sollten die Beteiligten bereit sein, die wahrgenommene Situation zu formulieren und „[...] die Unterrichtsroutine zu unterbrechen, um in der gemeinsamen Auseinandersetzung gerechte Lösungen für Konflikte zu finden" (ebd.). So ist dieser Ansatz der Dilemma-Diskussion geeignet, „[...] den Schulalltag unter dem Gesichtspunkt der Gerechtigkeit zu regeln" (ebd.), was im Optimalfall den Intensitätsgrad der „[...] moralischen Atmosphäre [...]" (ebd.) innerhalb der Lerngruppe in der Schule steigert und dadurch „[...] die Zusammenführung von moralischem Handeln und Denken begünstigt" (ebd.). Hinsichtlich des genannten Beispiels zu einem Realkonflikt sowie der Tatsache, dass Realkonflikte und semi-reale Dilemmata der unmittelbaren Erlebniswelt der Schüler entnommen werden, könnte man darauf schließen, dass der Einsatz dieser beiden Dilemmata im Unterricht die Chance erhöhen könnte, Jugendlichen über eine moralische Diskussion, in der sie wertneutrale Gestaltungs- und Meinungsfreiheit besitzen, demokratische Grundregeln bis hin zu universellen Gesichtspunkten wie bspw. die Gleichheit der Menschen zu erklären.

Die vierte von Schuster in Anlehnung an Oser genannte Form der Übertragung des Kohlbergschen Ansatzes in die Schulpädagogik ist „[...] das Konzept der „Gerechten Schulgemeinschaft"" (Oser/Althof: Die Gerechte Schulgemeinschaft: Lernen durch Gestaltung des Schullebens*. In: Edelstein/Oser/Schuster [Hg.], 2001, S. 235), das versucht, „[...] Schulqualität und Stimulierung sozial-moralischer Kompetenzen [...]" (ebd.) zu integrieren. In Deutschland wurde dieses Modell in den Jahren 1985 bis 1989 in drei Schulen in Nordrhein-Westfalen angewandt, wobei es sich bei den entsprechenden Schulen um eine Haupt- und eine Realschule sowie um ein Gymnasium handelte (vgl. ebd.). Das ursprüngliche Konzept dieses an deutschen und Schweizer Schulen um entscheidende Komponenten erweiterten Modells geht auf Kohlberg zurück, der es als sogenannte Just Community in High Schools und Gefängnissen implementieren wollte (vgl. ebd.).

Am Beispiel einer Realschule in Nordrhein-Westfalen erklären Oser und Althof das Charakteristikum einer Gerechten Schulgemeinschaft, welches eine sogenannte Gemeinschaftsversammlung ist (vgl. ebd.), „[...] die [...] alle zwei bis drei Wochen stattfindet und an der sämtliche Lehrpersonen der Schule und sämtliche Schüler und Schülerinnen teilnehmen" (ebd.). Die Leitung einer solchen Versammlung übernehmen in der Regel jeweils zwei Vertreter der Schüler- und der Lehrerschaft, das Auditorium sitzt zwanglos und frei im Raum (vgl. ebd.). In der Versammlung werden Themen diskutiert, welche die Schulgemeinschaft betreffen, es können Anträge eingebracht werden, und auch Abstimmungen finden statt (vgl. ebd. ff.). Man könnte eine solche Gemeinschaftsversammlung mit einem demokratischen Parlament vergleichen, in dem jedes Mitglied eine Stimme besitzt, die geltend gemacht werden kann. Des weiteren könnte man daraus schließen, dass Schüler durch eine solche Einrichtung in ihrer Schule einen positiven Erlebniswert ihrer Bildungseinrichtung erfahren, da sie durch das gleichberechtigte Mitwirken in einer Gemeinschaftsversammlung ihre schulische Umwelt als sozialen Gestaltungsraum wahrnehmen könnten, was einen Lerneffekt darstellen könnte, den Schüler auch im außerschulischen sozialen Alltag anwenden könnten. An dieser Stelle könnte einer im zweiten Teil der Arbeit geschilderten gesellschaftlichen Desintegration entgegengewirkt werden, da der Einzelne hier keine Ohnmachtserfahrungen, sondern aktive Teilnahme und demokratisch ermöglichte Gestaltungsfreiheit an seiner sozialen Umwelt erfahren könnte.

Oser und Althof beschreiben weiter „[...] einige Gestaltungsprinzipien [...]" (ebd., S. 238) der Gerechten Schulgemeinschaft, die als „[...] generalisierte pädagogische Regelsysteme [...] unter bestimmten Bedingungen zu bedeutsamen Erfolgen [...]" (ebd.) in allen drei Schulen des DES-Programms[16] führten (vgl. ebd.). Zunächst erwähnen Oser und Althof als Erziehungsziel die Entwicklung, wobei die moralische „[...] Urteilsbildung an realen Problemen des Schul- und Klassenlebens angeregt" (ebd.) werden soll. Hierdurch werden neben der „[...] Ausdifferenzierung der Urteilsfähigkeit entsprechend der universellen Stufentheorie [...]" (ebd.) von Oser und Althof als substantielle Inhalte bezeichnete (vgl. ebd.) „[...] Gestaltungsfelder des Lebens [...]" (ebd.) in die moralische Entwicklung der Jugendlichen integriert (vgl. ebd.).

Kohlbergs Annahme, dass sich mit höherer Stufenzahl innerhalb seines Modells der Moralentwicklung auch die Bereitschaft zum guten Handeln erhöhe, ist nach Oser nicht gesichert (vgl. ebd.). Im Modell der Gerechten Schulgemeinschaft sehen Oser und Althof allerdings diese Garantie ermöglicht, da hier „[...] Urteil und Handeln eher [...]" (ebd.) zusammenfallen, da „[...] das reflektierte, diskutierte, begründete und beschlossene Urteil [...]" (ebd.) in direktes Handeln in der Gemeinschaft umgesetzt wird (vgl. ebd. ff.). Um das Zusammenwirken der beiden Größen Urteil und Handeln nicht zu gefährden, übt ein durch Wahl bestimmter sogenannter Vermittlungsausschuss unterstützend Kontrolle auf die Ausführung der beschlossenen Handlungen aus (vgl. ebd., S. 239). Ein weiterer pädagogisch bedeutsamer Punkt im Modell der Gerechten Schulgemeinschaft ist die tolerierte Bildung und Existenz geteilter Normen (vgl. ebd.). Im Gegensatz zu Schulen, in denen „[...] immer wieder Regeln für das Verhalten von Kindern und Jugendlichen formuliert und oft plakativ an die Wand geheftet" (ebd.) werden, entstehen Normen hier „[...] durch Partizipation und gemeinsame Beschlüsse [...]" (ebd.). Für Oser und Althof gelten solchermaßen geteilte Normen als „[...] das vertragliche Moment, das die Individuen bei aller Verschiedenheit ihrer Standpunkte und Interessen zusam-

---

16 Das Programm „Demokratie und Erziehung in der Schule" (DES) war ein Modellprojekt, an dem drei Schulen teilnahmen und das nach Kohlbergs Besuch in Nordrhein-Westfalen 1983, wo er sein Modell vorstellte, ins Leben gerufen wurde (vgl. (Oser/Althof: Die Gerechte Schulgemeinschaft: Lernen durch Gestaltung des Schullebens*. In: Edelstein/Oser/Schuster [Hg.], 2001, S. 237 ff.)

menhält" (ebd.). Außerdem sprechen die Autoren in diesem Kontext vom „[...] unsichtbaren Kern der Übereinstimmung [...]" (ebd.).

Hinsichtlich eines weiteren bedeutenden Punkts der Gerechten Schulgemeinschaft sprechen Oser und Althof „[...] von „Sozialabfällen" des Schullebens, die [...] zum eigentlichen Humus für Entwicklung werden" (ebd., S. 241). Hierbei ist abweichendes Verhalten auf Seiten der Schüler gemeint, das „[...] unter dem Gesichtspunkt der Genese „geteilter Normen" [...]" (ebd., S. 242) nicht zum Regelfall seitens autoritär auftretender Lehrer, sondern zum Diskussionspunkt auf der Tagesordnung einer Gemeinschaftsversammlung erklärt werden kann (vgl. ebd.), so dass „[...] das Verhalten und seine Folgen aus einer Gemeinschaftsperspektive [...]" (ebd.) betrachtet werden können. So wird nach Oser und Althof „Über das Problem [...] und die partizipatorische Bearbeitung des Falls [...] Gemeinschaftssinn erst entwickelt [...]" (ebd.). Außerdem weisen die Autoren auf die notwendige Bereitschaft der Schulleitung zur Demokratie hin (vgl. ebd.), schränken aber deren Wirksamkeit dadurch ein, dass „[...] eine Schule – wenigstens eine Regelschule – ihren Grundauftrag und gesetzlichen Rahmen, in dem sie sich bewegt, nicht zur Debatte stellen [...]" (ebd., S. 243) kann. Demokratisierung ist demnach nach Oser und Althof „[...] gebunden an die Besonderheiten der jeweiligen Schule; sie ist partikulär, aber immer reflektiert auf den Hintergrund kultur- bzw. schulübergreifender, universeller Prinzipien [...]" (ebd.) und steht „[...] in der Verantwortung der [...] an der Just Community beteiligten Lehrpersonen und der Schulleitung [...]" (ebd.).

Das in diesem Teil der Arbeit bereits mehrfach gefallene Stichwort der Rollenübernahme wird auch von Oser und Althof angesprochen (vgl. ebd., S. 244). So können die Schüler eine Rollenübernahme, wie sie nach Kohlbergs Verständnis weiter oben erklärt wurde, mittels der Gemeinschaftsversammlungen praktizieren (vgl. ebd.). Hier können sie sich „[...] durch den Prozess der Darlegung und Offenlegung von Bedürfnissen und Sichtweisen mit dem und den anderen emotional, aber auch inhaltlich identifizieren" (ebd.). Die Individuen einer Gerechten Schulgemeinschaft können durch den „[...] klassen- und schulübergreifenden [...]" (ebd.) Aufbau ihres inneren Schulsystems lernen, „[...] sowohl die Motive als auch die Intentionen, Gefühle und Handlungsstrategien anderer zum eigenen Urteil in Beziehung [...]" (ebd.) zu setzen. Als vorletzten Punkt der Regelsysteme nennen die

Autoren die Schaffung einer Welt möglicher sozialer Selbstwirksamkeit (vgl. ebd., S. 245). Hierbei soll den Jugendlichen gezeigt werden, dass auch ihre Stimme eine Veränderung bewirkt und zumindest diskutiert wird (vgl. ebd.). Andere „[...] auf Konformismus und traditionelle Werte hin [...]" orientierte und umgesetzte Schulen verhindern nach Meinung der Autoren gerade diese Wahrnehmung beim Schüler (vgl. ebd.). Man könnte aus diesem Punkt schließen, dass eine Gerechte Schulgemeinschaft ein sicheres und handlungsbewusstes Auftreten des Schülers in der Gesellschaft außerhalb der Schule ermöglichen könnte, da er sich seiner eigenen sozialen Selbstwirksamkeit in einer demokratisch geregelten Gemeinschaft durchaus bewusst sein könnte. Hierdurch könnte auch die Motivation gefördert werden, Verantwortung zu übernehmen, auch in schwierigen Situationen eine eigene Meinung zu artikulieren und um es in Bezug auf das Thema dieser Arbeit zu stellen, nicht zum Mitläufer zu werden.

Der letzte Punkt in den Ausführungen der Autoren zu den Handlungsprinzipien innerhalb der Gerechten Schulgemeinschaft ist ein Element der Gemeinschaftsversammlung, welches Zu-Mutung praktiziert (vgl. ebd.). „Dieses Phänomen der „Als-ob-Unterstellung" [...]" (ebd. ff.), wie es von Oser und Althof bezeichnet wird, wirkt „[...] wie ein Motor auf das Übernehmen von Verantwortung [...]" (ebd., S. 246) und kann demnach „[...] als eine der wichtigsten pädagogischen Grundhaltungen bezeichnet werden [...]" (ebd.). Durch den Einsatz eines Instruments wie der Gemeinschaftsversammlung wird den Schülern quasi zugemutet, gekonnt „[...] zu argumentieren, aufmerksam und vorurteilsfrei zuzuhören, authentisch zu votieren und auf diese Weise moralisch und sozial überzeugend das Leben der Schule mitzugestalten [...]" (ebd.). Obwohl die eigentliche Fähigkeit auf Seiten der Schüler nach Oser und Althof noch längst nicht so ausgeprägt ist, wie man ihnen vermittelt, besteht nach Meinung der Autoren gerade dadurch die Chance, dass über das Prinzip der self-fullfilling prophecies „[...] die Durchbruchskraft [...] für die Ausgestaltung der erwünschten demokratischen und soziomoralischen Fähigkeiten und Handlungsbereitschaften [...]" (ebd.) gefördert wird.

Trotz der scheinbar hervorragenden Voraussetzungen eines solchen Just Community-Modells geben die Autoren auch Schwierigkeiten bei dessen Durchführung an. Dazu gehören neben bürokratischen und juristischen Regelungen, welche die Integration der Konfliktsituationen und deren Diskussion auf Unterrichtsebene erschweren auch Reformen skeptisch gegenüberstehende Außenseiter in der Lehrerschaft, Zeit- und Raummangel im allgemeinen Ablauf der schulischen Organisation sowie eine krisensichere Haltung von Schulleitung und Lehrern (vgl. ebd., S. 263 ff.). Als weiteres Problem bei der realen Umsetzung des Modells sehen die Autoren die Lehrpersonen selbst, welche ein Dilemma entwerfen, in den Unterricht transportieren und diskutieren sollen, dabei aber zum Teil strategisch überfordert sein könnten, weshalb Oser und Althof einen Experten im Unterricht fordern (vgl. ebd., S. 263).

Trotz dieser bestehenden Umsetzungsprobleme könnte das Modell der Gerechten Schulgemeinschaft tauglich sein, durch seine entwicklungs- und moralfördernde Pädagogik einen Beitrag dazu zu leisten, junge Menschen mit Werten wie Gemeinschaftssinn, Toleranz, Gleichheit und dem positiven Verständnis eines demokratischen Systems vertraut zu machen. Das Besondere an diesem pädagogischen Konzept könnte die Tatsache sein, dass das einzelne Individuum einer Gerechten Schulgemeinschaft eigene Handlungsspielräume erhält, in denen es seine Umwelt aktiv mitgestalten kann, wozu es prinzipiell aufgefordert wird. In Zeiten der in 2.3 beschriebenen Individualisierung und ihrer negativen Begleiterscheinungen gerade in strukturarmen Regionen Deutschlands könnte dieses Modell ein effektiver Schritt gegen Desintegration hin zum positiven Verständnis einer demokratischen Gemeinschaft auch außerhalb der Schule sowie im Erwachsenenleben nach der schulischen Ausbildung sein.

3.1.2 Möglichkeiten einer gerechtigkeitsorientierten Jugendarbeit

Nach der moralischen Erziehung in der Schule, die am Modell einer Gerechten Schulgemeinschaft in 3.1.1 dargestellt wurde, und der man einen präventiven Charakter zuordnen könnte, soll in diesem Kapitel das intervenierende Pendant der schulbezogenen Möglichkeiten, die Jugendarbeit dargestellt werden. Dabei sollen die Möglichkeiten und Bedingungen einer nach Krafeld sogenannten gerechtigkeitsorientierten Jugendarbeit (vgl. Krafeld: Gerechtigkeitsorientierung als Alternative zur Attraktivität rechtsextremistischer Orientierungsmuster. In: deutsche jugend 7 - 8/01, 2001, S. 322) beleuchtet werden, da die Grundlagen dieser Form von Jugendarbeit in eine Linie mit dem beschriebenen Modell der Gerechten Schulgemeinschaft gestellt werden könnten.

Krafeld geht davon aus, dass das von ihm mitentwickelte und anfangs sehr effektive Konzept der akzeptierenden Jugendarbeit bezüglich einer rechtsextremistischen Zielgruppe keine Erfolge mehr zeigt (vgl. ebd.). Er spricht in diesem Zusammenhang von Stagnation und kritisiert, dass der Ansatz der akzeptierenden Jugendarbeit keine Weiterentwicklung erfahren habe (vgl. ebd.), womit er vor allem dessen Anwendung „[...] in jenen sozialen Feldern [...], in denen rechte Alltagskulturen dominant sind (also vor allem [...] Ostdeutschland)" (ebd.), meint. Weiter kritisiert Krafeld die gesellschaftlichen Rahmenbedingungen pädagogischer Angebote an rechtsextremistische Jugendliche, da gerade die in Ostdeutschland nach seiner Meinung beschäftigenden und behütenden Maßnahmen im Rahmen einer ausgrenzenden Gesellschaft sehr leicht in den Ruf einer verharmlosenden und unterstützenden Pädagogik geraten könnten (vgl. ebd.). Wie Heitmeyer (vgl. S. 84) nennt auch Krafeld das Wirken der Jugendarbeit ein Reagieren, dessen positive Wirkung er in Frage stellt (vgl. ebd. ff.). In seiner Kritik an aktuellen pädagogischen Methoden geht Krafeld dabei auch auf die Problematik der Dominanz eines Bestrebens ein, „[...] jungen Menschen das vermitteln, beibringen zu wollen, was Erwachsene als richtig und wichtig ansehen" (ebd., S. 323). Nach Krafelds Meinung werden dadurch „*Wertevermittlung* und Belehrung [...] leicht zum *Ersatz* einer *Förderung* der Aneignung von Umwelt und entsprechender Lebensbewältigungskompetenzen" (ebd.).

Von diesen Punkten ausgehend fordert Krafeld eine „[...] Konzeption, die sich als *offensive, als positive* Alternative gegen eine wachsende Attraktivität minderheitenfeindlicher und rechtsextremistischer Orientierungen versteht – und die auf solch einer Basis imstande ist, mit ihrem Grundverständnis prinzipiell *allen* Jugendlichen etwas Attraktives, letztlich eine wichtige persönliche Bereicherung bieten zu können [...]" (ebd.). Diese mögliche Konzeption bündelt Krafeld in ihre von ihm als Leitgedanken (vgl. ebd., S. 324) bezeichneten Charakteristika, die ihm Folgenden beschrieben werden.

Als zentraler Punkt eines solchen Konzepts soll „[...] etwas stehen, das für alle Jugendlichen wichtig *und* attraktiv sein kann und das gleichzeitig mit rechtsextremistischen Orientierungen möglichst wenig vereinbar ist" (ebd.). Dieser Mittelpunkt des Konzepts sollte nach Krafelds Vorstellungen außerdem eine Botschaft beinhalten, die alle jugendlichen Zielgruppen unabhängig von deren Standpunkten gegenüber einer rechtsextremistischen Orientierung oder Gesinnung gleichermaßen erreicht und vor allem anspricht (vgl. ebd.). Ein weiter wichtiger Punkt sollte „[...] die Förderung der Lebensentfaltung und Lebensbewältigung der Adressaten [...] (und nicht primär die Bekämpfung problematischer Muster dafür)" (ebd.) sein. Als letzten zentralen Punkt nennt Krafeld die nötige Bündelung aktueller Schwerpunkte der Jugendarbeit, da der weiterzuentwickelnde Ansatz der Akzeptanz dies nicht mehr gewährleiste (vgl. ebd.). Akzeptanz wird nach Krafeld quasi von oben ausgeübt, da sie sich an schwierige Zielgruppen richtet (vgl. ebd.) und „[...] (nur) das akzeptiert, wogegen man nichts einzuwenden hat" (ebd.).

Dies dient Krafeld als Ausgangspunkt einer Konzeption von Jugendarbeit, welche „[...] die Erfahrungen und Probleme mit dem akzeptierenden Ansatz produktiv [...]" (ebd.) aufgreifen und dies unter der Prämisse des Leitbegriffs der Gerechtigkeitsorientierung managen soll (vgl. ebd.). Nach Krafelds Vorstellung soll dies „[...] im Sinne eines *„Strebens* nach mehr Gerechtigkeit, gestützt auf ein Menschenbild, das (in offensiver Abgrenzung z.B. zu rechtsextremistisch geprägten Menschenbildern) die Achtung der Würde *des* Menschen (prinzipiell *des* Menschen – und nicht abgestuft *bestimmter* Menschen) (ebd. ff.) geschehen. Durch den leitenden Begriff der Gerechtigkeitsorientierung werden nach Krafeld „[...] zentrale Interessen und Bedürfnisse der jeweiligen Zielgruppe hinsichtlich ihrer eigenen Lebensentfaltung in den Mittelpunkt [...]" (ebd., S. 325) gestellt, während der gerechtigkeitsorientierte Charakter einer solchen Jugendarbeit gleichzeitig die Bedürfnisse anderer Menschen ins Blickfeld rückt (vgl. ebd.) und demnach der Existenz „[...] einer entsprechenden *zivilen,* humanen Streitkultur [...]" (ebd.) dient.

Im Rahmen einer gerechtigkeitsorientierten Jugendarbeit werden Interaktionen zwischen Andersdenkenden gefördert, die ständige Frage nach Verständigung darüber, „[...] aus welchen Grundwerten und weltanschaulichen Grundlagen welche Maßstäbe hergeleitet werden [...]" (ebd.). Folglich misst eine solche Konzeption von Jugendarbeit keine allgemeingültige Definition von Gerechtigkeit, sondern wertet „[...] die teils sehr verschiedenen oder gar subjektiven Verständnisse davon [...]" (ebd.) als eigenständige und ernstzunehmende Meinungen, die in einen interaktiven Diskurs einfließen, an dessen Ende eine für alle Betroffenen annehmbare Lösung steht (vgl. ebd.). Darin kommt für Krafeld „Die Qualität einer lebendigen demokratischen Gesellschaft [...] zum Ausdruck [...]" (ebd.), außerdem lässt sich für ihn hierbei im Gegensatz zu allen bisher konzipierten pädagogischen Ansätzen „[...] die *Interaktion* zwischen Jugendlichen und ihrer Umwelt in den Blick nehmen" (ebd.), da „[...] der Anspruch nach mehr Gerechtigkeit ausdrücklich und unmittelbar [...] die Auseinandersetzung mit den Ansprüchen anderer Menschen beinhaltet" (ebd.).

Krafeld beschreibt detailliert die Kompetenzen, die Pädagoginnen und Pädagogen seiner Meinung nach besitzen sollten um einem solchen Konzept der Jugendarbeit gerecht zu werden. Er fordert von den pädagogisch Wirkenden die Fähigkeit, „[...] sich mit ihren eigenen Wertvorstellungen und Gerechtigkeitsvorstellungen erfahrbar und (an-)greifbar zu machen [...]" (ebd.) und sich gleichzeitig in qualifizierter Weise mit den Vorstellungen anderer Menschen auseinander zu setzen, vor allem hinsichtlich rechtsextremistischer Deutungsmuster und deren entsprechenden Ideologien bezüglich eines Gerechtigkeitsverständnisses (vgl. ebd.). In einer solchermaßen praktizierten Pädagogik sollte nach Krafeld jeder Ansatz einer Machtorientierung oder die Bildung von Wahrheitsmonopolen seitens der Praktizierenden unterlassen werden, da „Jene in der Pädagogik allzu verbreiteten Belehrungskulturen [...]" (ebd., S. 326) den gesellschaftstypischen Handlungsmustern hinsichtlich der Bestimmung von Wertmaßstäben entsprechen (vgl. ebd.). Wie im zweiten Teil dieser Arbeit dargestellt wurde, könnte man u.a. davon ausgehen, dass rechtsextremistisch orientierte Jugendliche gerade diese Muster ablehnen, da sie ihnen Perspektiven und Gestaltungsmöglichkeiten zu rauben scheinen, weshalb folglich ein gerechtigkeitsorientiertes Modell der Jugendarbeit nach Krafelds Vorstellungen ein vielversprechender Ansatz sein könnte.

Einen besonderen Stellenwert innerhalb dieses Ansatzes mißt Krafeld einem sogenannten dialogischen Austausch bei, den er auch als dialogisches Lernen bezeichnet, und der für ihn die Grundlage eines jeden pädagogischen Versuchs darstellt, demokratische Werte zu stärken bzw. zu fördern (vgl. ebd., S. 328). An dieser Stelle gilt es seiner Meinung nach für Pädagogen und Pädagoginnen, sich für die Erlebniswelt der Jugendlichen, für ihre „[...] sehr persönlichen, sehr subjektgeleiteten Prozesse der Suche nach Erkenntnis, nach Orientierung und nach entsprechenden Verhaltenskompetenzen [...]" (ebd.) zu interessieren und sich „[...] in ihre [...] Erfahrungsproduktion anregend [...]" (ebd.) einzubringen, was „[...] im dialogischen Austausch miteinander [...]" (ebd.) stattfinden sollte.

Ähnlich den Vertretern der in 3.1.1 beschriebenen moralischen Erziehung in der Schule und der Gerechten Schulgemeinschaft spricht Krafeld von einem kommunikativen Miteinander, das keine starren Werte vorgibt, sondern im dialogischen Austausch Werte entwickelt, die auf das Wohl aller Beteiligten abzielen und deren Meinungen berücksichtigend zu Wort kommen lässt (vgl. ebd., S. 329). Dieser von Krafeld als „Dialogische Kommunikation [...]" (ebd.) bezeichnete Vorgang „[...] setzt nicht auf die Konfrontation mit dem anderen, sondern auf die personale Begegnung, auf das Interesse an dem anderen – und nicht nur an dem, an dem man bei dem anderen Anstoß nimmt" (ebd.).

Speziell gewaltorientierte junge Menschen sprechen nach Krafeld auf eine solchermaßen praktizierte Kommunikation an (vgl. ebd.). Dialogische Kommunikation findet demnach ihre Entfaltung in einer Jugendarbeit, „[...] wenn sie eingebunden ist in eine Beziehungsarbeit" (ebd.). Damit meine Krafeld „[...] professionelle Arbeit auf der *Basis* personaler Beziehungen [...] gerade in Zeiten, in denen es an intensiven sozialen Beziehungen immer mehr mangelt" (ebd.), wobei es für die pädagogisch Wirkenden darum gehen soll, den Grat zwischen „[...] (personaler) Nähe und (professioneller) Distanz" (ebd.) zu finden. Krafeld warnt davor, sich im Rahmen einer solchen Jugendarbeit umstandslos mit den Jugendlichen zu identifizieren, was er „[...] *unvereinbar* [...]" (ebd.) mit dem Konzept der Gerechtigkeitsorientierung nennt. Neben der pädagogischen besitzt eine gerechtigkeitsorientierte Jugendarbeit nach Krafeld auch eine gesellschafts-politische Dimension, da sie sich unter Betrachtung der individuellen Lebenswelten der betroffenen Jugendlichen diesen beratend und unterstützend bei deren Bewältigung nähert (vgl. ebd., S. 331).

3.2 Ausblick

Die Gedanken Kohlbergs zur Rollenübernahme auf eine Vertiefung der moralischen Erziehung in den Schulen übertragen könnte eine Ablösung herkömmlicher Lehrfächer wie bspw. dem Religions- oder Ethikunterricht, aber auch der Gemeinschaftskunde oder sogar des klassischen Sportunterrichts erfordern. Man könnte aus den Ideen zur stimulierenden Umwelt ein neues Lehrfach kreieren, das neben seinem theoretischen Unterricht praxisorientierte Maßnahmen anbietet, die das soziale Bewusstsein der Schüler fördern. Diese Maßnahmen könnten neue Lernwelten hervorbringen und auf regionaler Ebene schulübergreifend stattfinden sowie die Zielsetzung beinhalten, verschiedene Menschen verschiedener Herkunft und Bildungsniveaus für ein gemeinsames soziales Projekt zusammenzuführen, das unter eigenverantwortlicher Regie der Gruppe stattfindet. Dies könnte zur Folge haben, dass die Lehrpersonen und Erzieher einer solchen pädagogischen Maßnahme zwar koordinierend und beratend fungieren, letztendlich aber selbst zu deren Teilnehmern gehören könnten. Folglich könnte eine ständig fließende Rollenübernahme aller Beteiligten gewährleistet werden, die sich möglicherweise auch in der moralischen Urteils- und Handlungskompetenz im privaten Alltag positiv niederschlagen könnte.

Eine weitere denkbare Möglichkeit rechtsextremistischen Orientierungen im Unterrichtsalltag präventiv entgegenzutreten könnte die Schaffung eines neuen pädagogischen Berufsbilds sein, in dessen Rahmen fachlich qualifizierte Mitarbeiter auf freiberuflicher oder verbeamteter Basis als Konfliktmediatoren wirken, die in Schulen zum Einsatz kommen. Dieses bspw. in Unternehmen immer stärker geforderte Berufsprofil kommt meines Wissens in der überwiegenden Mehrheit der Schulen in dieser Form nach wie vor nicht zum Einsatz. Ein solchermaßen tätiger Pädagoge könnte neben der lehrenden Person nicht nur als Moderator der in 3.1.1 beschriebenen zu konstruierenden moralischen Dilemmata, sondern darüber hinaus als entschärfender und zugleich vertrauensbildender Mediator wirken, wenn es im schulischen Alltag zu realen Konflikten kommt, in denen sich eine Lehrkraft bspw. aufgrund persönlicher empfundener Provokation in einem Konflikt außerstande sieht, nach den in 3.1.1 beschriebenen Möglichkeiten über den Weg einer wertungsfreien Beziehung auf den entsprechenden Schüler einzugehen. Auch in Konflikten innerhalb der Schülerschaft oder bestehenden Problemen zwischen Eltern und Schülern könnten Mediatoren vermittelnd tätig sein. Dabei wäre meines Erachtens mindestens ein Konfliktmediator pro Jahrgangsstufe einer Schule für eine effektive und sinnvolle Arbeit notwendig, was natürlich auch zu einer erheblichen Erhöhung der staatlichen Kosten und der Ausgaben der Länder für das Schulwesen führen würde.

Neben den inzwischen etablierten Projekttagen und traditionellen Schulfesten könnte man über regelmäßige Treffen von Eltern, Schülern und Lehrern auf Klassen- oder Stufenbasis nachdenken, in deren Rahmen die Beteiligten zu mehr oder weniger privaten, aber im Rahmen der schulischen Organisation stattfindenden Treffen zusammenkommen könnten, die Möglichkeiten zur Rollenübernahme und Einblicke in die Welt des gesellschaftlichen Gegenübers ermöglichen könnten. Bei diesen Treffen sollte es weder um Leistung noch Bewertungen gehen, vielmehr wäre es denkbar, solche „informellen" Treffen unter diverse Mottos zu stellen, aus denen heraus potentiell Mögliches, aber im schulischen Lernalltag nicht Realisierbares zwischen Lehrern, Eltern und Schülern entstehen könnte. So könnten bspw. Veranstaltungen stattfinden, bei denen die betroffenen türkischen Schülerinnen und Schüler mit ihren Eltern für das leibliche Wohl nach türkischer Küche sorgen und so den anderen Beteiligten einen zwanglosen Einblick in ihren Kulturkreis ermöglichen könnten. Zu einem anderen Anlass könnten bspw. griechische, italienische, russische Schüler und ihre Familien etc. für das entsprechende Rahmenprogramm sorgen. Auf diese Weise könnten auf kreativem Weg neue Beziehungen zwischen allen Beteiligten geflochten werden, die sich neutral auf Zensuren oder Regeln im Schulalltag, so aber doch positiv auf sozialer Ebene insbesondere hinsichtlich der Vertrauens- und Wahrnehmungsbasis aller Beteiligten auswirken könnten. Dies könnte meines Erachtens ein sinnvoller und progressiver Weg von verkrusteten autoritären Strukturen des systemischen Aufbaus einer Schulgemeinschaft hin zur Bildung neuer sozialer alltagsbezogener Lernwelten sein, an denen die gleichen Betroffenen teilnehmen, der darüber hinaus auf allen Seiten zum Abbau von Vorurteilen führen könnte.

Krafelds in 3.1.2 beschriebener Ansatz einer gerechtigkeitsorientierten Jugendarbeit könnte in Zeiten, in denen Jugendliche gerade im Osten Deutschlands durch Individualisierungsschübe verunsichert große Probleme bei der Bewältigung der an sie gestellten Entwicklungsaufgaben, sowie eventuell dadurch bedingtes rechtsextremistisches und gewaltorientiertes Handeln zeigen, ein positiver und erfolgversprechender Ansatz sein. Freilich käme ein solcher Ansatz rein intervenierend zum Tragen, wobei sich die Frage stellen könnte, in wieweit sich entsprechende eventuell gefestigt ideologisierte rechtsextremistische Adressaten eines solchen Jugendarbeitskonzepts überhaupt für Demokratie und Gerechtigkeit interessieren, wenn sie doch oft genug die Tatsache vermittelt bekommen, dass es in vielen Städten und Dörfern Ostdeutschlands zu der grotesken Situation gekommen ist, dass rechte Jugendliche nicht ausgegrenzt werden, sondern vielmehr durch eigenes Handeln selbst andere Menschen ausgrenzen und vom einzelnen Jugendhaus über den Stadtteil bis hin zur gesamten Gemeinde sogenannte national befreite Zonen etablieren können. Solange es zu diesen Vorgängen kommt, das heißt, eine stillschweigende Duldung seitens der Öffentlichkeit, sei es durch Zustimmung oder Angst, rechtsextremistisch orientierte Jugendliche in ihrem Handeln bestätigt, haben meines Erachtens auch ambitionierte sozialpädagogische Konzepte eher einen kosmetischen Charakter.

Die eigentliche Prävention könnte demnach tatsächlich in der Schule stattfinden, einer Institution, die fast alle Kinder erreichen kann. Hier treffen junge Menschen aufeinander, die den verschiedensten Milieus und Kulturen entstammen, hier könnten soziale Konflikte und ihre demokratische Lösung trainiert werden, hier könnte man durch den deutschlandweiten Einsatz entsprechender Methoden im Schulalltag oder gar eines neuen eventuell zensurfreien Unterrichtsfachs unter dem Leitbegriff der Gerechtigkeit von klein auf ein soziales Fairplay lehren und lernen, das sich im privaten und beruflichen Alltag der Menschen niederschlagen könnte. Das Modell der Gerechten Schulgemeinschaft könnte dabei meiner Meinung nach ein guter Schritt in eine richtige Richtung sein, da es die Grundgedanken und Ziele einer auf demokratischen Werten aufgebauten Gesellschaftsform widerzuspiegeln scheint.

Quellen- und Literaturverzeichnis

1. Ahlheim, Klaus/Heger, Bardo: Vorurteile und Fremdenfeindlichkeit, Wochenschau Verlag, Schwalbach/Ts. 1999, 2. Auflage 1999.

2. Baacke, Dieter/Heitmeyer, Wilhelm (Hg.): Neue Widersprüche, Juventa Verlag, Weinheim und München 1985.

3. Baacke, Dieter: Jugend und Jugendkulturen, Juventa Verlag, Weinheim und München 1987, 3. Auflage 1999.

4. Baacke, Dieter/Farin, Klaus/Lauffer, Jürgen (Hg.): Rock von Rechts II, AJZ-Druck und Verlag, Bielefeld 1999.

5. Beck, Ulrich: Risikogesellschaft – Auf dem Weg in eine andere Moderne, Suhrkamp Verlag, Frankfurt a.M. 1986.

6. Beck, Ulrich/Beck-Gernsheim, Elisabeth (Hg.): Riskante Freiheiten, Suhrkamp Verlag, Frankfurt a.M. 1994.

7. Becker, Georg E./Coburg-Staege, Ursula (Hg.): Pädagogik gegen Fremdenfeindlichkeit, Rassismus und Gewalt, Beltz Verlag, Weinheim und Basel 1994.

8. Benz, Wolfgang: Antisemitismus in Deutschland, München 1995.

9. Benz, Wolfgang: Rechtsextremismus in Deutschland, Fischer-Taschenbuch-Verlag, Frankfurt am Main 1992, Auflage 1994.

10. Bien, Walter/Karig, Ute/Kuhnke, Ralf/Lang, Cornelia/Reißig, Monika: Cool bleiben – erwachsen werden im Osten, DJI Verlag Deutsches Jugendinstitut, München 1994.

11. Birsl, Ursula: Rechtsextremismus: weiblich – männlich? Eine Fallstudie, Leske + Budrich, Opladen 1994.

12. Bölting, Franz-Josef: Rechtsextremismus, Gewalt und Fremdenfeindlichkeit, Verlag Ferdinand Schöningh, Paderborn 1997.

13. Bracht, Elke: Multikulturell leben lernen, Roland Asanger Verlag, Heidelberg 1994.

14. Brockhaus Multimedia, Bibliographisches Institut & F.A. Brockhaus AG, Mannheim 1999.

15. Bundesamt für Verfassungsschutz (Hg.): Rechtsextremistische Skinheads, Bundesamt für Verfassungsschutz, Köln August 1998.

16. Bundesamt für Verfassungsschutz (Hg.): Entwicklungen im Rechtsextremismus in den neuen Ländern, Bundesamt für Verfassungsschutz, Köln Januar 1999.

17. Bundesamt für Verfassungsschutz (Hg.): Rechtsextremistische Parteien in der Bundesrepublik Deutschland, Bundesamt für Verfassungsschutz, Köln August 1999.

18. Bundesamt für Verfassungsschutz (Hg.): Skinheads Bands und Konzerte, Bundesamt für Verfassungsschutz, Köln Januar 2000.

19. Bundesamt für Verfassungsschutz (Hg.): Rechtsextremistische Bestrebungen im Internet, Bundesamt für Verfassungsschutz, Köln April 2000.

20. Bundesamt für Verfassungsschutz (Hg.): Rechtsextremismus in Deutschland, Bundesamt für Verfassungsschutz, Köln Oktober 2000.

21. Bundesamt für Verfassungsschutz (Hg.): Verfassungsschutzbericht 2000, Bundesamt für Verfassungsschutz, Köln 2001.

22. deutsche jugend. Zeitschrift für die Jugendarbeit Heft 7-8/2001, Juventa Verlag (Hg.), Weinheim und München 2001.

23. Dynamik 1/2001, Leske + Budrich, Leverkusen 2001.

24. Edelstein, Wofgang/Sturzbecher, Dietmar (Hg.): Jugend in der Krise, Verlag für Berlin-Brandenburg, Potsdam 1996, 1. Auflage 1996.

25. Edelstein, Wolfgang/Oser, Fritz/Schuster, Peter (Hg.): Moralische Erziehung in der Schule, Beltz Verlag, Weinheim und Basel 2001.

26. Faber, Richard/Funke, Hajo/Schoenberner, Gerhard (Hg.): Rechtsextremismus Ideologie und Gewalt, Edition Hentrich, Berlin 1995.

27. Farin, Klaus/Seidel-Pielen, Eberhard: Skinheads, C.H. Beck'sche Verlagsbuchhandlung, München 1993.

28. Farin, Klaus: Skinhead, Europäische Verlagsanstalt, Hamburg 1996.

29. Ferchhoff, Wilfried: Jugendkulturen im 20. Jahrhundert, Verlag Peter Lang GmbH, Frankfurt am Main 1990.

30. Ferchhoff, Wilfried/Sander, Uwe/Vollbrecht, Ralf (Hg.): Jugendkulturen, Faszination und Ambivalenz, Juventa Verlag, Weinheim und München 1995.

31. Ferchhoff, Winfried/Neubauer, Georg: Patchwork-Jugend – Eine Einführung in postmoderne Sichtweisen, Leske + Budrich, Opladen 1997.

32. Garz, Detlev: Lawrence Kohlberg – Eine Einführung, Junius Verlag GmbH, Hamburg 1996.

33. Ginzel, Günther B. (Hg.): Antisemitismus Erscheinungsformen der Judenfeindschaft gestern und heute, Verlag Wissenschaft und Politik, Bielefeld 1991.

34. Grundgesetz für die Bundesrepublik Deutschland, Landeszentrale für politische Bildung [Hg.] Mainz 1957, Auflage 1994.

35. Harecker, Gabriele: Werterziehung in der Schule, WUV, Wien 2000, 2. Auflage 2000.

36. Heitmeyer, Wilhelm: Rechtsextremistische Orientierungen bei Jugendlichen, Juventa Verlag, Weinheim und München 1987, 5. Auflage 1995.

37. Heitmeyer, Wilhelm u.a.: Die Bielefelder Rechtsextremismus-Studie, Juventa Verlag, Weinheim und München 1992.

38. http://www.frankfurter-rundschau.de, Verlag der Frankfurter Rundschau, Frankfurt a.M. 2001.

39. Hurrelmann, Klaus u.a.: Lebensphase Jugend, Juventa Verlag, Weinheim und München 1985.

40. Jugend & Gesellschaft 1/2001, Katholische Sozialethische Arbeitsstelle e.V. (Hg.), Hoheneck-Verlag, Hamm 2001.

41. Klose, Christina/Rademacher, Helmut/Hafeneger, Benno/Jansen, Mechthild M.: Gewalt und Fremdenfeindlichkeit – jugendpädagogische Auswege, Leske + Budrich, Opladen 2000.

42. Kohlberg, Lawrence: Die Psychologie der Moralentwicklung, Suhrkamp Verlag, 1994 Frankfurt am Main, 1. Auflage 1995.

43. Meyers Lexikonredaktion (Hg.): Meyers kleines Lexikon Pädagogik, Bibliographisches Institut & F.A. Brockhaus AG, Mannheim 1988.

44. Neofaschismus in der Bundesrepublik Deutschland – Ausstellungskatalog, VVN-Bund der Antifaschistinnen und Antifaschisten, Hannover 2001.

45. Pfahl-Traughber, Armin: Rechtsextremismus in der Bundesrepublik Deutschland, Verlag C.H. Beck, München 1999, 2. Auflage 2000.

46. Reinhold, Gerd/Pollack, Guido/Heim, Helmut (Hg.): Pädagogik-Lexikon, R. Oldenbourg Verlag, München 1999.

47. Resch, Franz: Entwicklungspsychopathologie des Kindes- und Jugendalters, Psychologie Verlags Union, Weinheim 1996.

48. Roth, Roland/Rucht Dieter (Hg.): Jugendkulturen, Politik und Protest, Leske + Budrich, Opladen 2000.

49. Schröder, Achim/Leonhardt, Ulrike: Jugendkulturen und Adoleszenz, Hermann Luchterhand Verlag GmbH Neuwied, Kriftel 1998.

50. Spiegel Reporter 10/2000, Spiegel Verlag, Hamburg 2000.

51. SpoKK (Hg.): Kursbuch Jugendkultur, Bollmann Verlag GmbH, Mannheim 1997.

52. Stöss, Richard: Die extreme Rechte in der Bundesrepublik, Westdeutscher Verlag, Wiesbaden 1989.

53. Tillmann, Klaus-Jürgen: Sozialisationstheorien, Rowohlt Taschenbuch Verlag GmbH, Reinbek bei Hamburg 1989, 7. Auflage 1996.

54. Verfassungsschutz Nordrhein-Westfalen (Hg.): (Superwahljahr) 1994/95, Verfassungsschutz NRW, Düsseldorf 1995.

55. Willems, Helmut u.a.: Fremdenfeindliche Gewalt, Leske + Budrich, Opladen 1993.

56. Zimbardo: Psychologie, Berlin Heidelberg 1974, 6. Ausgabe 1995.

www.ingramcontent.com/pod-product-compliance
Lightning Source LLC
Chambersburg PA
CBHW020129010526
44115CB00008B/1037